BEN SET

ben set

Wil Sam

Theatr Bara Caws

Cyhoeddwyd i gyd fynd
â chynhyrchiad y sioe — Mawrth / Ebrill 2001

ISBN 0 9540398 0 7

Os am ganiatâd i berfformio'r ddrama hon,
cysyllter â'r cwmni:

Theatr Bara Caws
Uned A1, Cibyn, Caernarfon, Gwynedd
Ffôn: (01286) 676 335 e-bost: tbaracaws@btconnect.com

Argraffwyd y lluniau gyda chaniatâd
Emyr Morris Jones a Dewi Glyn

Argraffwyd gan Wasg Gwynedd
Cyhoeddwyd gan Theatr Bara Caws

Cyflwyniad

Diolch i Bara Caws am y gwahoddiad i ysgrifennu gair am ddramâu llwyfan Wil Sam. Waeth cyfaddef y gwir ddim. Rydw i'n 'ffan', ac mae gen i ddyled fawr i'r awdur ar lawer cyfrif, yn arbennig y fan Austin 35 y 'gwerthodd' o i'm cyfaill John Pierce Jones a minnau am £8 flynyddoedd yn ôl er mwyn i ni gyrraedd ein gwaith yn Rio Tinto. Ond stori arall ydi honno. A gobeithio bod gen i ddigon o barch i waith yr awdur i'r sylwadau sy'n dilyn beidio troi yn emyn o fawl anfeirniadol.

Rydw i wedi ystyried pedair ar bymtheg o ddramâu byrion a phump o rai hwy (does dim un o ddramâu Wil Sam yn hir). Anwybyddwyd *Emrys ap Iwan*, er cystal ydi hi, am ei bod yn ddrama ddogfen ac *Ifas y Tryc* am fod y clamp o gymeriad hwnnw yn haeddu traethawd Ph.D. ar ei ben ei hun. Ni welais gopi o *Cwympiad a'r Impiad* erioed.

Ga i'ch cyfeirio chi, ddarllenwyr mwyn, os ydych am wybod mwy am gefndir y dramâu, at y canlynol. Yn gyntaf, darlith Wil Sam ei hun yn dwyn y teitl 'Y Toblyrôn', a'r gyfrol *Deg Drama*. Yn honno, cewch gyflwyniad Emyr Humphreys, sgwrs rhwng Wil Sam a Myrddin ap Dafydd, a chyflwyniadau treiddgar y diweddar Elis Gwyn Jones, brawd yr awdur a'i feirniad craffaf.

ALUN FRED

Dramâu Wil Sam

Dramâu byrion

I Bant y Bwgan
Y Gŵr Diarth
Cwympiad a'r Impiad
Y Dyn Swllt
Y Dyn Codi Pwysau
Y Gadair Olwyn
Dalar Deg
Tŷ Clap
Y Chwilotwyr
Dau Frawd
Y Fainc
Y Wraig
Tro Crwn
Dafydd y Garreg
Dinas Barhaus
Pa John?
Rhaib Rhobat
Seimon y Swynwr
Mae Rhywbeth Bach
Y Sul Hwnnw

Dramâu hwy

Gwalia Bach
Dinas *(cyd awdur Emyr Humphreys)*
Emrys ap Iwan
Bobi a Sami
Llifeiriau
Ben Set
Ifas y Tryc

Byd Wil Sam

'Ddoe ydi heddiw pawb dros drigain oed.' Dyna sylw wnaeth yr awdur wrtha i rywdro wrth drafod un o'i sgriptiau teledu. Mae 'na destun seiat yn y frawddeg o leiaf. Mae'n awgrymu, ar ei symlaf, ein bod ni, wrth fynd yn hŷn, yn anorfod yn wynebu'r presennol gyda phac o ragdybiaethau a phrofiadau o'n hieuenctid, yn ieithyddol, yn foesol, yn egwyddorol ac yn y blaen.

'The past is the present too', fel y dywed un o gymeriadau Eugene O'Neil yn *Long Day's Journey Into Night*.

Perthyn dramâu Wil Sam i ail hanner y ganrif ddiwethaf (ac yn wyrthiol, i ddechrau'r un bresennol). Ond mae byd (er nad themâu) llawer o'r dramâu fel pe'n perthyn i gyfnod cynt, cyfnod ieuenctid yr awdur. Dychmygwch bentrefi Eifionydd cyn y rhyfel; pentrefi lled hunan-gynhaliol wedi eu hamgylchynu â ffermydd a thyddynnod. Y rheiny yn eu tro yn cyflogi amryw o forynion a gweision. Rhyddfrydiaeth lugoer yn dal mewn bod, os nad mewn bri, a mân blasau fel Plas y Gwynfryn a Phlas Talhenbont yn dal i fod yn rhan o wead cymdeithasol y cylch gyda'u byddigions ecsentrig lled gyfoethog. Byddai'r awdurdod moesol yn gorwedd gyda'r person lleol a'r gweinidog, gan gofio bod dylanwad yr eglwys yn drwm yn Llanystumdwy. Plismon lleol yn gwarchod yr heddwch – hynny o warchod oedd ei angen, tra deuai ambell dramp heibio ar dro i ychwanegu rhywfaint o liw a chyffro. Roedd trenau'n dal i bwffian i Afonwen, er bod ceir a Saeson i'w gweld yn amlach. Ac yn waelodol i hyn i gyd roedd Cymraeg rhywiog, tafodieithol ar wefusau'r werin er nad oedd fawr o le iddi ym mywydau'r rhai oedd yn gweinyddu'r drefn.

Mewn bro felly, mewn tŷ â'r enw annhebygol, Belle Vue, drws nesaf i'r eglwys a'r fynwent y magwyd Wil Sam a'i frawd, Elis Gwyn.

Y gegin, neu'r ystafell fyw fu cartref naturiol y ddrama fer Gymraeg ers dechrau'r ugeinfed ganrif, ac ar un olwg mae Wil Sam yn dilyn y traddodiad. Dyna brif leoliad pymtheg o'r pum drama ar hugain. Ond mae amrywiaeth diddorol yn y pymtheg. Ffermdai neu dyddynnod ydi prif leoliad pump o'r dramâu, gan ddechrau gyda *Dalar Deg* yn 1963. Felly hefyd *Gwalia Bach* a *Dinas* ond bod y fferm yn datblygu'n symbol o Gymru neu'r gymdeithas wâr Gymreig yn y ddwy olaf. Erbyn cyrraedd *Llifeiriau* yn 1996 mae'r tyddyn wedi troi'n dŷ haf. Cystal nodi bod y cartref dinod yn Tŷ Clap hefyd yn cael ei ddefnyddio fel symbol o'r frwydr am barhad y Gymraeg a Chymreictod. Mewn tyddyn y lleolodd Saunders Lewis ei ddrama Gymraeg gyntaf yntau – *Gwaed yr Uchelwyr*, ond ei fod wedi gwyrdroi y plot Cymreig traddodiadol. Ond buan y gadawodd y gegin draddodiadol, gan chwilio am gynteddoedd mwy egsotig. Cloddio'n ddyfnach am berlau yn ei fro enedigol wnaeth Wil Sam gan ddefnyddio'i ddychymyg yn drên.

Ar bob fferm yn y dramâu mae meistr neu feistres, a gwas wrth gwrs, ond dim un teulu cyflawn. Ac mae chwilio am howscipar a/neu wraig yn rhan bwysig o'r stori. O ran gŵr y coleri gwyn, down i 'nabod dau Berson, rhai digon pechadurus mae arna i ofn a thri gweinidog. Hen wlanen ydi Huws y Gweinidog yn nrama gyntaf Wil Sam, *I Bant y Bwgan*, ond mae'r ddau arall, sef Huw yn *Mae Rhywbeth Bach* ac Eliasar yn *Y Sul Hwnnw* yn hen hogia iawn. Er, mi greda i, mai'r ffaith eu bod nhw'n ifanc sy'n peri bod yr awdur fel pe'n c'nesu atyn nhw.

Cynrychiolir y 'byddigions' gan bedwarawd difyr iawn: Y Cyrnol yn *Tro Crwn* sy wedi treulio 'tri chwarter f'oes yn yr army, yno baswn i heddiw oni bai imi 'madael...'; y 'dyn' yn *Dinas Barhaus* sydd berchen mwstas cyrn beic; 'Trwy rhain, trwy'r ddau yma bydda i'n sugno 'noethineb'; Miss Wyn sy'n fflyrtio â Seimon y Swynwr cyn ei saethu'n farw gelain, tynged pob gŵr ifanc ddaw heibio'r plas i geisio'i llaw. Ac mae Mrs Reynolds yn *Rhaib Rhobat* mor ddibris bob tamaid o fywydau dynion sy'n sathru ei chyrn. Rhai fel yna yw byddigions Wil Sam.

Ond y ddau deip mwyaf diddorol efallai ydi plismyn a thramps y dramâu. Ffyliaid digon dwl, os gweddol ddiniwed ydi'r plismyn. Bron na ddwedwn i fod Wil Sam wedi dyrchafu'r plismon drama i dir aruchel trwy weithio gyda'r graen yn hytrach nag yn ei erbyn. Fu fawr o newid ers i Tomos y Plismon yn *I Bant y Bwgan* gyrraedd y capel lle cafodd car Huws y gweinidog ei ddwyn gan ddatgan: 'Mi adewais fy swper ar ei hanner...' Ddeugain mlynedd yn ddiweddarach, yr un ydi diddordebau'r constabiwlari yn *Llifeiriau* wrth esbonio lle roedd pan gafodd y wŷs i'r bwthyn: 'allan yn hel mwyar duon i Musus Menis.' Mm! Chafodd yr un plismon enw llai addas. P.C. Menis wir!

Ond y tramps ydi'r cesys. Yn *Y Fainc*, *Tro Crwn* a *Llifeiriau* maen nhw'n llawn cynghorion a straeon. Fel ffyliaid Shakespeare, maent yn pendilio rhwng doethineb anghyffwrdd a rwdlan pur. Yn sicr, mae ysbryd John Price – y tramp y mae Wil Sam wedi cyfeirio ato yn ei hunangofiant – yn fyw iawn yn y cymeriadau hyn. A chefndryd i'r tramp ydi Henri a Dai *Dinas Barhaus* a *Bobi a Sami* yn y ddrama o'r un enw. Rhain mi greda i yw brodyr maeth Wil Sam.

Wrth fynd heibio, cystal nodi bod mynwentydd yn lleoliadau canolog i ddwy o'r dramâu – *Dafydd y Garreg* a *Ben Set* – a bod myrdd o gyfeiriadau at drenau, stemars a Saeson.

Pobl Wil Sam

Beth am ddechrau hefo'r tramps gan ei bod hi'n amlwg bod Wil Sam wrth ei fodd yn eu cwmni? Tramps go iawn ydyn nhw yn *Y Fainc*, *Tro Crwn* a *Llifeiriau* ond mae Henri yn *Dinas Barhaus* a Sami yn *Bobi a Sami* yn perthyn yn agos ac yn rhannu'r un ffordd o siarad er bod y ddau yn ceisio gwadu eu tras:

Henri:	'Nid padi, nid tramp mona i, lad'
Sami:	'Rydw i'n dod o deulu parchus iawn',
	(cyn mynd i gysgu mewn coets yn y parc.)

Un o nodweddion tramps Wil Sam, ac un sy'n agos at galon unrhyw awdur, ydi eu hoffter o adrodd straeon lliwgar am bobl a digwyddiadau mewn llefydd egsotig fel Glasgow, Dulyn a Bwlch Tocyn. At ei gilydd hefyd maen nhw'n bobl graff iawn. Yn *Tro Crwn* y tramp sy'n dyfeisio peiriant sy'n gwyrdroi syniadau pobl (nid yr athro sylwer). Yn *Y Fainc* y tramp sy'n dangos i'r awdur hesb beth ydi perthynas y sgwennwr â'i gymdeithas. 'Bawd wyt ti a'r bysedd ydi pobol. Dy ddeunydd di os lici di...' 'Os ydi o am fod yn da i rwbath mae raid i'r bawd gadw'n glir o'r bysadd.' Ac yn *Llifeiriau* y Tramp, yn arwyddocaol, sy'n rhoi hwb i'r cyw awdures. Wrth reswm, dynion digon di-wardd a stumddrwg ydyn nhw bob un, yn rhaffu celwyddau wrth bawb a phopeth er eu mantais eu hunain. Ac yn hyn o beth mae Henri a Sami yn yr union un rhigol. Ond maen nhw'n rhai annibynnol a difyr iawn, ac am hynny mae'n amlwg bod yr awdur yn fodlon maddau popeth iddyn nhw.

Byddai rhywun yn lled ddisgwyl i'r plismyn, cynheiliaid y drefn, fod i'r pegwn eithaf o'r trampyn. Nid felly y mae hi yn nychymyg Wil Sam, beth bynnag am fywyd go iawn. Mae'n wir eu bod yn gallu bod yn hunan dybus fel heddgeidwad *I Bant y Bwgan*:

Huws Gweinidog:	*(wrth y diacon)* Hefo plisman ydach chi'n siarad, cofiwch.
Tomos Plisman:	Ia, a phlisman go abal hefyd.

Mae Tomos Plisman yn ymddangos eto yn *Y Gŵr Diarth* yn setlo dirgelwch diflaniad gŵydd Roberts y Person. Doedd hi'n braf ar y Gwynedd Constabulary erstalwm? Mae'r Person y tu hwnt o ddiolchgar: 'Mi sgwenna i lythyr i'r Prif Gwnstabl heno nesa, un mawr hir... Mi fyddwch ar y prom yn Llandudno'r ha nesa gewch chi weld.' Ond mae ateb Tomos yn hynod ddadlennol: 'Cymrwch goblyn o ofal Mr Roberts bach. Mae'n llawer gwell gin i yng Nghymru.' Ai Tomos Plisman oedd lladmerydd cyntaf mudiad Adfer?

'Ceidwadwyr' ydi'r plismyn serch hynny, fel un *Llifeiriau* pan wêl fathodyn Cymdeithas yr Iaith ar gôt y Tramp / Parchedig Davies: 'Grym mawr, dydach chi 'rioed yn perthyn i'r petha iaith 'ma?' Dwn i'm pa mor arwyddocaol ydi hi fod plisman *Llifeiriau* yn ail ymddangos yn yr un ddrama yn actio gweinidog mewn drama o fewn drama. Tanseilio'r drefn trwy gosi ysgafn wna'r awdur, gyda cheidwad y drefn gyfreithiol a moesol, heb gymryd yr un ohonyn nhw ormod o ddifri.

Cymeriadau sy'n tanseilio'r drefn yn fwy uniongyrchol ydi teidiau Wil Sam. Tri ohonyn nhw sy 'na, a'r enwocaf ydi'r un sy'n siarad leiaf, sef y Taid o'r *Gadair Olwyn*. Dydi o'n deud dim, dim ond g'neud sŵn, ac am ei drafferth mae'n cael ei gloi yn y twll dan grisiau gan ei wyres. Y driniaeth ansentimental, ie, a chreulon hon sy'n gwneud y ddrama yn un mor anodd i gynulleidfaoedd, gan fod presenoldeb a salwch taid yn y pen draw yn cael effaith ddifäol ar ddyfodol a hapusrwydd y cymeriadau eraill. Nid comedi mo hon.

Mae'r teidiau eraill yn perthyn yn nes i dramps y dramâu. Maen nhw'n dweud yr union beth sydd ar eu meddyliau heb ofni gwg neb, ac maen nhw'n rhydd i ddweud pethau digon gwyllt, fel y gwna hen bobl. Eu rôl ydi styrbio pawb sy'n credu mewn achos neu mewn trefn. Clywch Taid yn dadlau â Glyn, ei ŵyr llawn delfrydau yn *Dau Frawd*:

Glyn:	*(yn areithio)* Mae Cymru'n diodda...
Taid:	Diodda annwyd.
Glyn:	– ac arnon ni, chi a fi mae'r bai.
Taid:	Does dim bai arna i.

A Taid sy'n deud y caswir hefyd:

'Mae Jane, mae dy fam yn meddwl mai y capal a Elis gweinidog **ydi** achos Iesu Grist.' *(Dau Frawd)*

Mae 'na griw arall o gymeriadau y mae Wil Sam yn hoff o'u cwmni, er bod rhain yn aml yn adar drycin ac ymhell o fod heb eu bai. Pobl yr ymylon ydyn nhw yn aml, pobl yn byw ar eu wits. Yng ngeiriau Myrddin ap Dafydd: 'y dandi, y candi a'r cwrs'.

Dyna i chi Davies yr Wye yn *Dalar Deg*; dyn sy'n ymdebygu i 'bimp' hen ffasiwn Cymreig. Mici Marconi wedyn yn *Y Dyn Codi Pwysau* sy'n dod i drwsio teledu tywyll y teulu disgwylgar yn feddw. A beth am Sgiffi y casglwr sgrap di-foes sy'n ceisio denu'r nyrs ddengar i'w fan yn *Dinas*? Ymhlith yr adar brithion hyn, byddwn hefyd yn cynnwys y Dyn Swllt sy'n gorfod dioddef gwawd a sen ei gwsmeriaid a'i gyflogwr tra'n ceisio cadw'i ddignit. Mae gan yr awdur gryn dipyn i'w ddweud wrth bob un ohonyn nhw.

A dyna sy'n clymu'r teipiau uchod at ei gilydd, sef cydymdeimlad greddfol Wil Sam at bobl. Dyna sy'n ei wneud yn gomedïwr o ran ei natur. Bron na ddeudwn i fod rhain yn agos at ei galon nid er gwaethaf eu gwendidau ond, yn hytrach, oherwydd eu gwendidau. Yr unig amod dros gael eich cynnwys yn y frawdoliaeth ydi, 'byddwch yn ddifyr'.

Teipiau ydi'r uchod wrth gwrs, ac mae awduron comedi ers dyddiau'r Gomedi Roegaidd Newydd wedi defnyddio teipiau i greu difyrrwch. Mae Wil Sam reit yng nghanol y traddodiad hwn. Dyna sy'n cyfrif pam nad yw'n trafferthu rhoi enwau i gymaint o'i gymeriadau; taid, dyn, mistar, gwas, athro, plisman, person. Does dim angen dweud mwy. Dyma restr o rai 'teipiau' a gâi eu defnyddio mewn comedïau clasurol; hen ddyn, gŵr, gwraig, gŵr ifanc, caethwas, gwas bostfawr, putain, pimp, paraseit, milwr bostfawr. Ydyn, maen nhw i gyd yna.

Rhai Themâu

'Ymchwil am sicrwydd a pharhad a welir yma... Ymchwil hollol agored am ddinas barhaus sydd yn *Dinas Barhaus*.' Geiriau y diweddar Elis Gwyn Jones, yn tanlinellu un o themâu gwaelodol gwaith theatrig ei frawd. Ond fel y paentiwr Monet yn dychwelyd dro ar ôl tro at destun cyfarwydd fel y lilis a chael rhyw olwg newydd ar ei destun, felly hefyd Wil Sam a'r ymchwil uchod.

Er nad yr un ydi thema pob un mae tua hanner dramâu Wil Sam yn portreadu teuluoedd anghyflawn. Ac mae ceisio cyfannu'r teulu yn thema bwysig yn nifer o'r dramâu. Mae wyth ohonyn nhw yn cynnwys rhywun (neu **rywrai** yn aml iawn) yn chwilio am ŵr / gwraig / howscipar.

Mae'r ddyfais elfennol hon yn cael ei mynegiant puraf a doniolaf yn y gomedi gynnar *Dalar Deg* a fu'n fuddugol yn Eisteddfod Genedlaethol Llanelli yn 1962. Mae gwas Dalar Deg yn anfodlon ar ei fyd neu, a bod yn fanwl gywir, mae ei fam yn anfodlon. A sylwch ar gefndir y gwas:

Mistar:	Ydi dy dad yn fyw?
Gwas:	Nag'di. Mi ddengodd i'r Merica ac mi gafodd Mam ddifôrs.

Canlyniad hyn ydi fod Davies yr Wye yn cael gafael ar howscipar i'r fferm. Ond un ddiog a blêr ydi Leusa Parri, ac mae'n peryglu holl ddyfodol Dalar Deg. Caiff Davies ail gyfle a daw ag Olwen i'r fferm. Angyles drefnus ffeind ydi Olwen ac, yng ngeiriau y Mistar, 'A dyna ni yn deulu bach hapus.' Wrth gwrs, all hyn ddim parhau, gan fod y Mistar a'r Gwas yn syrthio mewn cariad â'r angyles. Y gwas ifanc sy'n ennill ei llaw ond mae 'na snag. Mae Olwen yn disgwyl a Davies ydi'r tad. Ond, yn wyneb campau serch, goddefgarwch ydi cri'r dramodydd, ac mae pawb yn derbyn y sefyllfa heb godi gormod o gwestiynau.

Perthyn dwy ddrama hir yn agos i *Dalar Deg* sef *Gwalia Bach* a *Dinas*. Ond yn *Gwalia Bach*, mae dyfodol y fferm a'r bygythiad i'w pharhad ar farwolaeth y fodryb, sy'n gadael y fferm i'r ddau frawd diniwed yn amlwg yn cynrychioli parhad 'y ffordd Gymreig o fyw' hefyd. Erbyn ysgrifennu *Dinas* (ar y cyd gydag Emyr Humphreys) mae'r bygythiadau i'r fferm (a Chymru) yn fwy eglur. Maent yn cynnwys y nai o Athro Coleg a'i drachwant sy'n byw yn Lloegr; Neil (brawd y gwas) a'i hoeden o gariad sy'n gweld cyfle i ymgartrefu yn Dinas fel cogau mewn nyth, a Sgiffi'r casglwr sgrap sy'n bachu geriach y fferm am 'something'. Ond y perygl mwyaf efallai ydi hunanoldeb dall a diffyg gweledigaeth John Barrig ei hun, perchennog y fferm. Ta waeth, digon yw nodi bod parhad yn cael ei sicrhau trwy glyfrwch a chadernid y nyrs dlos sy'n agor llygaid y perchennog i ogoniant ei etifeddiaeth.

Mae dwy ddrama gref arall sy'n trin y pwnc mewn arddull pur wahanol sef *Dinas Barhaus* a *Bobi a Sami*. Yn *Dinas Barhaus* ceir gwrthdaro rhwng y crwydriaid, Henri a Dai. Artist yw Dai sy'n dyheu am... Bwlchtocyn. 'Sbio allan drw ffenast wrth fyta mrecwast. Gweld castall Harlach a mynyddoedd Sir Feirionnydd yn gwenu arna i wrth i mi dorri fy wy.'

Henri: Chwerthin am dy ben di roeddan nhw lad.

Philistiad o entrepeneur sy'n troi'r drol ble bynnag bydd o ydi Henri ond un sy'n dal i freuddwydio am y man gwyn man draw. Mae Bobi a Sami yn dechrau mewn rhyw fath o sefydliad, wyrcws, ysbyty. Mae'n anodd ei ddiffinio yn iawn. Mae'r ddau yn dyheu am ryddid ac yn wir yn ei gael. Ond allan yn y byd mawr mae Bobi yn clafychu ac yn ôl i gaethiwed a diogelwch y wyrcws y mae'r ddau yn dychwelyd. Yr argraff a geir yw fod yr awdur yn ffyddiog bod chwilio am ddinas barhaus yn brofiad diddorol a hwyliog, ond bod y nôd yn anghyraeddadwy neu, efallai, yn llawn peryglon. Dyna'r math o ddeuoliaeth ysbrydoledig sy'n nodweddu gwaith Wil Sam.

Thema arall sy'n codi ei phen mewn pedair o'r dramâu ydi ymdrech y sgwennwr i greu. Yr ymdrech gynharaf ydi *Y Chwilotwyr* lle mae'r awdur a'i deulu ar y lôn; fo yn chwilio am weledigaeth a hithau'n dyheu am gartref. Mae unrhyw awdur yn ofni'r cyfnodau hesb ac ansicr ac mae Wil Sam wedi cyfeirio at ei brofiadau ei hun yn mentro ar ei liwt ei hun fel awdur yn ei hunangofiant. Mae'r awdur sy'n chwilio am ddeunydd yn ymddangos eto yn *Y Fainc, Llifeiriau* a *Ben Set*. Yr un ydi'r ateb bob tro sef bod deunydd dramodydd, 'y gwair rhaffa' chwedl y dyn ar y Fainc, i'w gael yn y bobl o'ch cwmpas, yn eu siarad a'u profiadau – ac nid mewn syniadau a theorïau.

Er mai *Mae Rhywbeth Bach* ydi'r unig ddrama sy'n gosod 'y pwnc cenedlaethol' yn blwmp ac yn blaen yn ganolbwynt iddi, mae cyfeiriadau mynych at y Gymraeg, a Chymru (heb sôn am Saeson) yn britho'r dramâu. Yn *Mae Rhywbeth Bach* mae'r awdur yn ei gwneud yn berffaith glir mai parhad y gymdeithas sy'n siarad Cymraeg ydi ei brif gonsyrn a neges o encilio ydi hi i greu cadarnleoedd. Neges Adferol. Ac fel y nodwyd eisoes, mae *Dinas* hefyd yn rhyw fath o gri 'I'r Gad' i ddiogelu ein hetifeddiaeth.

Ond eithriadau ydi'r math yna o bropogandeiddio. Ac mae *Mae Rhywbeth Bach* yn llawn o rybuddion i gyw wladgarwyr. Llinellau fel 'Hen bitsh o wlad ydi hon...' a 'Mae Dafydd yn rhy brysur yn caru Cymru i wrando arna i.'

Mae'r artist yn Wil Sam yn gweld peryglon pregethu a'r perygl bod pobl yn mynd yn llai na nhw'u hunain wrth wleidydda ar ben bocs sebon (er ei fod yn gwybod bod hynny yn gwbl hanfodol yr un pryd). Gwrandewch ar Taid yn *Dau Frawd*.

'Fydda i'n ofni weithiau mai lle handi i alw am ryddid ydi caethiwed i ti.' Ac yn fwy dadlennol byth: 'Cymryd rhyddid mae dyn nid ei gael o'. Mae ffydd Wil Sam bob amser gyda phobl nid cyfundrefnau a damcaniaethau.

Rhai Syniadau

Mae dweud mai dyn pobol ydi Wil Sam yn dweud yr amlwg braidd. Ni welwyd erioed y fath syrcas o gymeriadau ar y llwyfan Cymraeg erioed. A phobl yr ymylon, y wags a'r cesys sy'n medru 'ei deud hi' ydi'r rhai mae Wil Sam yn mwynhau eu cwmpeini. Mi allech ddarllen ei waith fel ple dros yr ecsentrig a'r gwahanol. Dro ar ôl tro y rhain sy'n hawlio'r llwyfan. Yn *Mae*

Rhywbeth Bach mae Mair wedi bod yn cael sgwrs hir gyda Jac sy'n saer ac mae'n datgan: '*Credu* mae Parch, *pregethu a brwydro* mae Dafydd, a *byw* wyt ti.' Y rhai sy'n byw ydi pobl Wil Sam. Ychydig iawn o'i gymeriadau sy'n atgas a'r rhai prin hynny yn bobl faterol ariangar. Pobl fel Ifan Huws sy'n ceisio twyllo'r ddau frawd o'u hetifeddiaeth yn *Gwalia Bach* a Robert Huws y gŵr cyfoethog hynod o 'boring' yn *Rhaib Rhobat.* A mae bod yn 'boring' yn waeth pechod na bod yn gybydd.

Eithriadau ydi atebion slic yn nramâu Wil Sam. Yn wir, mae deuoliaeth yn rhan o wead ei greadigaethau. Yn *Dinas Barhaus* mae'r cartref yn troi yn garchar. Yn *Dalar Deg* mae'r diweddglo hapus yn cael ei gymhlethu gan fabi Davies yr Wye. Ac yn *Gwalia Bach*, bron na theimlwch yr awdur yn cael ei dynnu i ddau gyfeiriad ar unwaith wrth ystyried dyfodol y fferm. Wrth edrych yn ôl i fyd syml y gorffennol mae Wil yn cofio 'Cael ista am bnawn yng nghae congl winllan, yn sgwrsio am peth yma a'r peth arall. Roeddan ni'n fodlon ein byd'. Ond pan ddaw Miss Jones i achub y fferm, ei geiriau proffwydol yw: 'Dyna ddrwg Gwalia Bach, gormod o siarad a rhy fychan o weithio... Mi wna i yr hen le yn un gwerth i fyw yn'o fo.' Bron na chlywch chi'r awdur yn Amenio'r ddau.

Comedïwr?

Fel awdur sy'n medru gneud i chi chwerthin a chreu cymeriadau lliwgar, cofiadwy, rydym yn cymryd yn ganiataol mai sgwennwr comedïau ydi Wil Sam. Ac mae ei gydymdeimlad greddfol gyda'r mwyaf amherffaith o'r hil ddynol yn cadarnhau hynny. Serch hynny, comedïwr go ryfedd ydi o. Mae tair o'i ddramâu yn gorffen gyda llofruddiaeth, sef *Y Wraig, Seimon y Swynwr* a *Rhaib Rhobat*, ac mae rhyw ddeuoliaeth drist yn perthyn i ddiwedd amryw o'r lleill fel y nodwyd eisoes. Y gwir ydi fod Wil Sam yn gorwedd ym mhrif ffrwd dramodwyr yr ugeinfed ganrif a'r ffurf newydd a ddatblygodd yn ystod y cyfnod i fod yn brif fynegiant profiad y dyn cyfoes, sef y gomedi-drasig. Meddyliwch am Becket ac *Wrth Aros Godot* ac mi welwch beth sy gen i dan sylw. Pobl yn difyrru'r amser wrth i'r cysgodion ymestyn o'u cwmpas, ond bod gweledigaeth Wil Sam yn un fwy dynol ac yn un Gymreig. Ond os ydych am ddod o hyd i'w frodyr maeth, yn Iwerddon y mae cael gafael arnyn nhw.

Acrobat Geiriol

Dydw i ddim yn mynd i syfrdanu neb, gan gynnwys yr awdur, wrth awgrymu nad ydi saernïo plot yn un o gryfderau Wil Sam. Serch hynny, mae'n werth nodi, ar wahân i'w ddrama gomisiwn *Emrys ap Iwan*, mae pob un wan jac o'r lleill yn straeon gwreiddiol, a fedrwch chi ddim deud hynny am lawer o ddramodwyr. Ni ddylid bychanu chwaith gamp awdur sy'n medru cyfansoddi *Y Fainc* ar un eisteddiad a dod i'r lan gyda gwaith mor daclus o gytbwys o ran ei saernïaeth.

Ond yn ei ddefnydd o iaith, a'i champau yng ngenau'r cymeriadau y mae gwir athrylith Wil Sam. Yng ngeiriau Myrddin ap Dafydd eto:

> 'nid yr iaith wastad ar drai,
> idiomau dwy a dimai,
> nid geiriau'n bethau ar bêj
> ond geiriau lond y garej.'

Yr hyn sy'n aros yn y cof ydi gwreiddioldeb y

delweddau, y dweud bachog epigramatig, y glust fain at rythmau'r iaith lafar, a brawddegau yn ateb ei gilydd fel cynghanedd groes. Ystyriwch linellau agoriadol *Dinas Barhaus:*

Dai:	Dinas Barhaus, Henri.
Henri:	Pwy?
Dai:	*Be?*
Henri:	Pwy ydi honno lad?
Dai:	Dinas nid dynas.
Henri:	O. Wyt ti'n cofio dynas Dinas Mawddwy?

Mae'r ddau air cyntaf yn gosod y thema yn blwmp ac yn blaen. Ond cyn i chi ddechrau gweld symbol mae'r chwarae ar ystyr a synau geiriau wedi cychwyn, ac rydym yn cael ein powlio o fyd yr athronyddol 'ddinas barhaus' i Ddinas Mawddwy a helynt rhyw ddynes. O gael actorion da a chynulleidfa go lew, mi ddylech gael llond lle o chwerthin ar ddwy o'r pum llinell gyntaf. Ac ar ben hynny, mae Wil Sam wedi sefydlu ei gymeriadau. Mae'r ymadrodd Beiblaidd 'dinas barhaus' yn sefydlu Dai fel meddyliwr tra mae meddwl Henri ar bethau'r byd hwn. Ac mae'r berthynas rhwng y ddau yn glir fel jin. Henri ydi'r mistar a dydi o'n gwrando dim ar ei bartner truan. Cymaint mewn ychydig. Ond rhaid eu clywed i'w llawn werthfawrogi. Gallwn ddyfynnu a dyfynnu ond llawn gwell fyddai i chi fuddsoddi yn y gyfrol *Deg Drama* gan roi hwb i economi Cymru yr un pryd.

* * *

Fel un sy wedi ceisio llwyfannu a chyfarwyddo nifer o sgriptiau Wil Sam, mae un anhawster yn codi o dro i dro. Arfer actorion (a sgwenwyr teledu) y dyddiau hyn yw chwilio i bac cymeriad trwy greu C.V. neu hanes cymeriad. Lle bu yn yr ysgol? Pa liw trons sy' ganddo/i? Ac yn y blaen. Hyn i gyd er mwyn 'esbonio' a chysoni gweithrediadau ac emosiynau'r cymeriad yn y presennol. Dydi Wil Sam yn rhoi fawr ddim cliwiau o'r fath ac mewn dramâu fel *Y Wraig* a *Dinas Barhaus* mae'r lleoliad ei hun fel pe'n bodoli rhwng y byd go iawn a byd y dychymyg. Fy nghyngor bob amser oedd ymddiried yn y llinellau a byddai'r cymeriad yn dod yn fyw yn y dweud a'r gwneud.

Yn y cyd-destun hwn, diddorol oedd darllen sylwadau dramodydd ifanc disgleiriaf Iwerddon, awdur *The Weir* a *Port Authority*, Conor McPherson: 'I just want the actors to put their faith in the language, just let the words do the work.'

* * *

Mae rhai yn gweld dewis (os dewis hefyd) Wil Sam i gyfansoddi ei ddramâu yn nhafodiaith Eifionydd fel plwyfoldeb, ac fel gwendid o safbwynt ei ystyried yn llenor 'cenedlaethol'. Ac yn sicr mae'r ieithwedd yn un rheswm pam mai cymharol ychydig o'i ddramâu sydd wedi eu llwyfannu gan y theatr broffesiynol. Ond darllenwch gyflwyniad Emyr Humphreys yn *Deg Drama* i weld ffolineb yr ymresymu yma. Ie, 'difyrru'r amser' yw un o brif amcanion awdur, ac yn ei gampau geiriol a'i gymeriadau, mae Wil Sam yn gwneud hynny. Yno, hefyd, rhwng y parablu a'r straeon mae apêl ddyfnach am gymdeithas wâr, falch a hwyliog – a honno yn un Gymraeg.

ALUN FFRED

ben set

'Mi fuodd 'na adeg – peth ofnadwy i ddeud
– 'swn i di licio mynd yn dramp;
ew baswn.'

WIL SAM

'cymyd rhyddid mae dyn nid ei gael o.'

TAID: DAU FRAWD

BEN YN CERDDED YN ARAF O GWMPAS Y CERRIG BEDDI YN Y FYNWENT. MAE'N EISTEDD AR UN OHONYNT Â'I BEN YN EI DDWYLO. DAW PWLMAN HEIBIO. MAE'N RHOI PWNIAD YSGAFN I BEN. MAE'N CODI EI OLWG YN SYDYN. EI FAG YN DISGYN WRTH EI DRAED.

PWLMAN: W't ti'n iawn?

BEN: Nag'dw thanciw.

PWLMAN: Gwael w't ti?

BEN: Ia, naci, weithia bob sut.

PWLMAN: A be ma' hynna fod i feddwl?

BEN: I fyny ac i lawr. Dwi yn y gwaelod un hiddiw, iseldar ysbryd.

PWLMAN: Iseldar ysbryd! Rw't ti wedi dŵad i'r lle gora un i fendio hwnnw.

BEN: Pardwn?

PWLMAN: Ma' pob un o'r rhein (y beddi) wedi ca'l mâd a fo.

BEN: Peidiwch, wir.

PWLMAN: Sori, ddrwg gin i. W't ti ddim yn meddwl dylat ti 'fynd i weld riwin'?

BEN: Dwi wedi bod. Dwi wedi bod…

PWLMAN: Pwy welist ti?

BEN: Doctor esgyrn.

PWLMAN: Doctor esgyrn? Be fedra peth felly neud?

BEN: Wedi cracio asan o'n i ar y pryd, a ryw feddwl ro'n i basa gwell hwyl arna i ar ôl ca'l sylw i honno.

PWLMAN: Wel? Oeddat ti? Wyt ti rywfaint gwell?

BEN: Nag'dw. Gwaeth os yr un. Mi lapiodd y tinllach lathenni ar lathenni o wlanan goch rownd a rownd i nes o'n i'n methu chw'thu.

PWLMAN: Ia, dyna ma' Doctoriad i gyd yn neud dyddia yma.

BEN: A ma' methu anadlu y peth gwaetha un am godi iseldar.

PWLMAN: Ydi debig?

BEN: Ydi. A mi brifodd fi hefyd.

PWLMAN: Gwasgu rhy dynn decini?

BEN: Naci, meddwl mai tramp o'n i ylwch, 'Fydda i ddim yn codi ar badis,' medda fo.

PWLMAN: O, taw.

BEN: Mi ês i'n syth i'r pyb nesa welis i i drio boddi ngofidia.

PWLMAN: A mi ddaru peint ne ddau lês, does bosib?

BEN: Naddo, ches i'r un, ches i ddim dafn. Roedd honno'n beltan hefyd, yn beltan i malchdra i. Ma gin bob dyn byw 'i falchdra.

PWLMAN: Wn i ddim llawar am y peth mewn lle fel hyn…

BEN: Oes Tad, ma gin bawb falchdra, boed wreng ne fonedd.

PWLMAN: Gwreng ne fonedd! Ew, geiria da gin ti. Rhai Cymraeg hen ffasiwn neis.

BEN: Noson oer yn Chwefror oedd hi. 'Hannar o win y gwan Landlord os gwelwch chi'n dda,' meddwn i felna, 'a dyma chi arian gwastad.' Mi ês i i isda at y tanllwyth coch oedd gynno fo yn y grât tra bydda fo'n codi fy hannar i. A be ges i? 'Cywad o'r gadar 'na i chweina, a dyna dy bres di. Dos.'

PWLMAN: Wela i un dim tebyg i dramp ynat ti.

BEN: Na welwch **hiddiw.** Ma' hi'n iawn arna i am arian erbyn hyn, a mae gwell brethyn o sbel amdana i. Ond mi dwi wedi gweld amsar calad yn olreit. Do, mi fuo petha'n ddrwg arna i. Mi fuo mi yn y gwtar. Cofio isda ar risia'r ffownten yn dre a nghap yn gorad wrth nhraed yn begera. Padi côt oel wrth fochor i yn hwrjio lafant am dair ceiniog y pacad. Ia byw o'r llaw i'r gena heb geiniog na deunydd, fel y saer maen hwnnw heb na phres na sment.

PWLMAN: Amsar calad **oedd** o, medda chdi. Does dim golwg rhy dlawd an' ti.

BEN: Na. Diolch i ragluniaeth, dydi hi ddim yn ddrwg arna i am arian erbyn hyn, mi ges i gelc reit dda yn wyllys Nhad, ac amod i ganlyn o mod i i edrach ati reit awê a dechra busnas fy hun.

PWLMAN: Digon o gregin gin ti ac yn dal yn isal dy ysbryd. Mi faswn i reit ar top.

BEN: Ia, rhaid i mi ddeud bod yr arian mawr ma'n help. Rhinwadd mwya cyfoeth ydi magu hyder.

PWLMAN: Wel, dyna chdi yli. Pam na sythi di a rhoi clec ar dy fawd?

BEN: Ia, mi ddylwn drio ymwroli. Ac os ca i fod mor hy' â deud, mae'ch cyfarfod chi wedi codi cryn dipyn ar fy nghalon i. Rhaid i mi drio...

PWLMAN: Wel rhaid siŵr Dduw annwl. Mi wn inna be ydi bod yn y dymps sdi. Mi rw't titha wedi rhoi sbyrt yna inna hefyd. 'Cicio'r nenbran' fydda i'n ddeud.

(MAE'N RHEDEG MEWN HANNER DAWNS GAN NEIDIO DROS GARREG FEDD NEU DDWY A DOD YN ÔL A RHOI CUSAN AR FOCH BEN)

PWLMAN: Ddaru mi dy ddychryn di?

BEN: Braidd.

PWLMAN: Siêc. (YSGWYD LLAW)

BEN: (CODI UN GOES) Âw, gwasgu. 'Llyngwch.

PWLMAN: Sori. Arfar efo fo ydw i.

BEN: Fo?

PWLMAN: Ia, yr hen Berson 'ma. Os na wasga **i o**, mi gwasgith **o fi**. Berig bywyd, ac 'injan bympio' fel hogyn deunaw gynno fo.

BEN: Ych gŵr chi ydio?

PWLMAN: Arglwydd mawr, naci. Mae o ddigon hen i fod yn dad i mi. Companion mae o'n ngalw i, ond morwyn bach gneud bob dim ydw i. Bedi d'enw di?

BEN: Ben.

PWLMAN: S'gin ti syrnâm? Ben be w't ti?

BEN: Dwi'n swil braidd o ddeud.

PWLMAN: Pam? Un budur ydio?

BEN: Naci, un gwirion.

PWLMAN: Wel?

BEN: Set. Ben Set.

PWLMAN: (CHWERTHINIAD BYR) Mi nawn bâr crand. Pwlman ydw i, Prwdyns Pwlman. Dwi'n uffernol o falch o dy weld ti. Ar wahan i'r hen lembo rhen Berson 'ma, dau tsiap mewn trowsus ydw i wedi weld er cyn grawys.
Go brin daw 'na neb ar cyfyl ni ar noson waith. Tri ddaw yma ar ddy' Sul. Lady Theobold, Plas Peilliad, y sguthan honno, y sioffar a'r ffwtman yn 'i chario hi, un bob pen, ar bolyn farnish. Mi ollyngodd ffwtman i afa'l ar ffordd i Diolchgarwch wrth i'r hen Lady dishian, a mi ddisgynodd ar i thin i bwll dŵr.

BEN: Be ydach chi'n **neud**?...

PWLMAN: Bedi'r CHI ma d'wch?

BEN: O, wela i. Be **ti'n** neud yma ar hyd yr wsnos arwahân i ddy' Sul?

PWLMAN: Llnau rhen horwth hen dŷ mawr na o top i'r gwaelod, o'r atic i'r selar. Ma honno ynddi hun yn job amsar llawn heb sôn am lenwi sdumog Bili Byntyr. Y Parch Lewis Lewis i bobol ddiarth.

BEN: Ew, ma 'na ddigon o waith i **ddwy** forwyn yn fa'na.

PWLMAN: A fel tasa hynna ddim digon mae o'n disgwl i mi neud i bregetha fo'n barod at bob Sul.

BEN: **Chdi**? (SBEITLYD BRAIDD)

PWLMAN: Ia, **Fi**. Ma gin i gompiwtar sy'n gweithio rhwng y ddwy glust bach ma. Paid ti â meddwl…

BEN: Na, wn i. Do'n i ddim yn dy gymyd ti'n ysgafn. Meddwl ydw i mai fo, y Parchedig ddyla fod yn llunio'i bregetha.

PWLMAN: Does gynno fo ddim i ddeud wrth

	neud pregetha. 'Casáu cyfansoddi', fela bydd o'n deud.
BEN:	Person rhyfadd iawn. Be **mae** o'n neud?
PWLMAN:	Chwilio i hanas y plwy a'r fynwant. Mae o'n gwbod bob diawl sy' ar ga'l o hanas y fynwant a phob un sy'n gorwadd yna, y stiffs i gyd, a thad a mam a thaid a nain yr holl job lot. Ara deg, nhro i **i** dy holi **di** rŵan. Dyn diarth a dyn dŵad w't ti i mi. Ma'n iawn i mi ga'l gwbod be **w't** ti. Gwagia dy gwdyn.
BEN:	Anodd ydi gwbod b'le i ddechra.
PWLMAN:	Mi helpa i di. Be 'di dy waith di? Sgin ti job?
BEN:	Oes a nagoes.
PWLMAN:	How cym?
BEN:	Sgwennwr sych ydw i... sgwennwr sy'n methu sgwennu.
PWLMAN:	Sut ma' dallt peth fela?
BEN:	Wedi mynd yn brin o syniada ydw i.

PWLMAN: A ma taro ar syniad yn bwysig decini? Nei di ddim llawar ohoni heb yr hen beth hwnnw?

BEN: Siŵr. Rydach chi'n iawn. Rw't ti'n llygad dy le.

PWLMAN: **Dwyn** syniad rwbath arall baswn i.

BEN: Na, fiw i mi. Llênladrad. Llênladrad.

PWLMAN: A ma hwnna'n beth perig?

BEN: Ydi. Yn carchar baswn i ar 'mhen.

PWLMAN: R'wt ti'n un rhyfadd braidd yn dwyt?

BEN: Wn im. Tybad? Ddaru mi 'rioed feddwl llawar am y peth yn cyfeiriad yna.

PWLMAN: Methu dallt ydw i be tynnodd di i fan'ma. Be ti'n weld mewn mynwant, o bob un dim.

BEN: Dwi'n teimlo'n gartrefol yn fa'ma. Mi ganwyd fi mewn tŷ drws nesa i'r eglwys a'i ddrws ffrynt o'n agor yn syth i'r fynwant. Pan oedd Jâms fy mrawd a finna'n fychan yn fan honno yn y fynwant byddan ni'n chwara. Chwara marblis a choncars yn y llwybr, a chwara cowbois ac indians rhwng y beddi. Jâms oedd y nesa ata i, rwsud. Roedd Seimon yn 'rhy arw amdani'.

PWLMAN: Rhy sgit am i ddiod oedd o?

BEN: Naci naci, gneud pres oedd petha Seimon, a hynny o'r dechra un. Codi'n fora i hel clennig, bag cybydd gynno fo, cwd bach lledar a'i geg o'n cau ac yn agor efo llinyn crychu.

PWLMAN: Be 'di llinyn crychu?

BEN: (DIPYN BACH BACH YN BIGOG) Llinyn crychu ydi llinyn crychu... Mi fyddwn i'n sdowt wrth Seimon, wnae o ddim rhannu. Ddim cymint â hynny o ots iddo fo rannu efo Jâms a fi. I weld o'n grintach efo mam fydda'n nigio i.

PWLMAN: Fydda Jâms ddim yn mynd i hel y clennig 'ma?

BEN: Na fydda, ddim ond i siop Jini Landag am bod hi'n rhannu chicago.

PWLMAN: (YN MWYNHAU) Chicago!

BEN: Ia, chicago bâr coch, hen hen stoc. Bar calad o ryw fath o daffi yn gneud sŵn gwydr wrth i ti gnoi o. Berig bywyd i ddarn o dy dafod ti fynd i' galyn o. Mi wn i am ddega o blant Pen Isa Cwm cafodd hi wrth gnoi chicago.

PWLMAN: Ond mi roedd dy frawd yn ofalus, ma' siŵr?

BEN: Jâms? Oedd. Darllan oedd petha Jâms.
Bob nos Ferchar, ia, nos Ferchar am chwech os ydw i'n cofio'n iawn, mi fydda Huw Lyib yn cyrradd sgwâr Pen Isa efo car a cheffyl, car run fath â char bwtshiar, rhyw fath o gwpwrdd ar ddwy olwyn a'i lond o lyfra. A mi fydda plant a phobol y pentra yn ca'l benthyg y llyfra 'ma am chydig o geinioga.
Fel y bydda Jâms yn rhoi'r llyfra yn ôl mi fydda Huw yn holi'n reit galad ar 'i gynnwys o, ac os bydda Jâms yn llwyddo i atab mi fydda'n ca'l arbad talu.

SAIB. BEN A'I BEN I LAWR YN SYLLU AR GARREG FEDD.

BEN: Mi fasa wedi gneud llawar gwell

sgwennwr na fi tasa fo wedi cymyd yn i ben. Mae o wedi hel deunydd wrth ddarllan gwaith pobol erill. Prun bynnag, rhaid i minna ga'l deunydd o rwla. Deunydd drama.

PWLMAN: Mi faswn i'n deud bod chdi wedi rhoi darn go lew o ddrama i mi'n barod.

BEN: Ydwi? Do? Do wir.

PARCH YN PESYCHU ODDI AR Y LLWYFAN.

PWLMAN: Dyma fo y ffwlcyn ydw i'n gorfod byw efo fo. Tendia fo. Dyn drwg ydi o a ma gynno fo ryw allu rhyfadd i fwrw'i liw ar bawb.

DAW Y PARCH LEWIS LEWIS I'R GOLWG YN LLEWYS EI GRYS. MAE'N GWISGO COLAR GRON WEN AR FIB DU, CLÔS PEN GLIN AC ESGIDIAU TRYMION. MAE'N CARIO CRIBYN FECHAN YSGAFN AR EI YSGWYDD.

PWLMAN: Tedi'r ffarmwr bach.

PARCH: Yr Esgob, rhen Bishob Bwbach yn meddwl fod o'n mhiwsio i.

Teliffonio'r stydi i mygwth i a finna yng nghanol hel acha'r Doctor Dail sy' wedi gladdu â'i draed tua'r Dwyrain yn fancw.

PWLMAN: Be oedd i negas o? Oes isio i mi atab?

PARCH: Nagoes. Gad iddo fo i ori ar i surni. Deud mod i'n gorffwys ar fy rhwyfa. 'Rwyt ti'n gorffwys ar dy rwyfa Lewis' medda fo 'dwyt ti ddim yn llafurio. Os na fydda i'n gweld gwelliant o fewn y mis mi fydda i'n dy symud ti i ofalaeth Nant y Wrach'.

PWLMAN: Ww, neis... Pishia yn fanno.

PARCH: Fy hel, fy hel **i** i Nant y Wrach, i'r Tyddyn Llwgfa hwnnw. 'Ddim yn llafurio', medda fo. Y Bwbach, tae o'n dŵad yma i olwg y fynwant mi wela be 'di llafurio. Ma'r wedd daclus sy' arni'n deud fod yma lafurio. A phwy sydd wrthi? Fi, debyg iawn.

PWLMAN: A finna.

PARCH: Na wir, Companion, ddaru ti fawr fwy na chanu'r gloch. Mae'r peth yn ang... ang...

BEN:	Anghwrtais.
PARCH:	Anghwrtais ddeudis i. Pwy ydi'r gŵr bonheddig? Ydio'n aelod efo ni?
PWLMAN:	Nag'di.
BEN:	Nag'dw, capal Sentars byddwn i'n arfar mynd.
PARCH:	Byddech chi'n arfar mynd. Ond wedi rhoi'r gora i fynd erbyn hyn? Na hidiwch, yr un ydi'r hanas trwy'r wlad. (CODI'I LAIS) Rhen Bishop Bwbach yn fy meio i am fod yr eglwys yn hannar gwag ar y Sul.
PWLMAN:	Ma' hi dipyn mwy na hannar gwag.
PARCH:	Rŵan rŵan, Companion, boed yno un, boed yno ddwsin, does gin i ddim help, ma' nhw'n ca'l pregath rymus bob bora Sul. Mi fydda i'n gofalu...
PWLMAN:	Na fyddwch. Fi sy'n gofalu am lunio'ch pregetha chi.
PARCH:	Ia, ia, ia, ond dydi'r bregath ora'n dda i ddim heb ddyn da i'w thraethu hi. (EDRYCH AR BEN) Ydach chi'n dŵad o bell gyfaill?

BEN: O Ben Isa'r Cwm.

PARCH: Felly'n wir. Mi rydach chi wedi mentro'n o bell. Dydw i ddim yn meddwl i mi glywad enw i chi.

BEN: Ben.

PARCH: Ben! Ben o Ben Isa'r Cwm. Diddorol. Ma'n rhaid i mi yn rhinwedd fy swydd fel periglor y plwy...

PWLMAN: Periglor. Siaradwch yn iawn, damia chi. **Person** y Plwy debyg.

PARCH: Rhaid i mi fel Person y Plwy ofyn pwy ydach chi, a phwy ym Mhen Isa'r Cwm ydi'ch teulu chi.

PWLMAN: Ma'r hogyn newydd ddeud.

PARCH: Dyna ddigon, Companion. Mi fedar Mr. Benjamin atab drosto'i hun.

BEN: Fel y deudis i. Ben ydi f'enw i. Ben Set, mab hyna Mr & Mrs. Stanley Set, 4 Gwter Gam, Pen Isa'r Cwm. Mae Seimon fy mrawd fenga a Jâms yr ail mewn busnesa'u hunan.

PARCH: Rydach chi'n dŵad o deulu cyfoethog, ddyliwn.

BEN: Na, tlawd iawn **oeddan** ni. Mi ddengodd Nhad i Affrica gan ada'l mam efo tri o hogia' i'w magu.

PWLMAN: Cythral calad.

PARCH: Companion, gadwch i Mr. Ben ddeud ei stori. Be wnaeth i'ch tad fynd i Affrica?

BEN: Gwirioni ar Zebras ddaru o. A chyn pen hannar blwyddyn roedd o wedi llwyddo i dofi nhw, hynny ydi 'i torri nhw i mewn a throi nhw'n geffyla. A cheffyla diguro oedd ceffyla Zebras Nhad yn ôl pawb gwelodd nhw. Chlywson ni run gair oddi wrth Nhad o'r dydd gadawodd o ni, ond mi gawsom air gan y twrna wedi iddo fo farw.

PARCH: A mi dorrodd ych mam 'i chalon?

BEN: Naddo, dynas gall a dynas galad iawn oedd mam. Gorweithio lladdodd hi. Laddodd gwaith neb 'rioed, medda'r hen air.

PWLMAN Dyna chi gelwydd os buo celwydd 'rioed.

PARCH: Ond colli'ch mam fuoch hanas chi?

BEN: Ia, cwta ugian oed o'n i pan fuo farw mam, a ffit union o bres claddu oedd acw. Mam druan wedi rhoi nhw i gadw mewn bocs Mari Biscets ar silff ben tân. Doedd gin i yr un geiniog ar fy helw.

PARCH: Ond deudwch i mi…

PWLMAN: Rhowch gora iddi. Rydach chi wedi holi'r hogyn yn dwll.

PARCH: Na, na mynd i ofyn o'n i i Mr. Benjamin sut llwyddodd y ddau frawd Jâms a Seimon Set i godi busnas a'r ddau o deulu mor dlawd.

BEN: Roeddan nhw'n beniog iawn.

PARCH: Gafwyd rhywfaint o arian ar ôl ych tad?

PWLMAN: Am uffar busneslyd.

PARCH: Taw di, companion, holi o ran diddordab, holi fel hynafiaethydd ydw i! Gafwyd…

BEN: Do, erbyn i mi ddallt ryw dwrna mi fuo nhad farw reit fuan ar ôl mam, a mi roedd o'n ddyn cefnog, yn ddyn cyfoethog iawn. Pres dofi zebras oeddan nhw, wrth reswm, ond **ni** cafodd nhw, Jâms, Seimon a fi.

PARCH: Rydach chi'n ddyn cyfoethog iawn, Mr. Set? Mi fuoch yn lwcus iawn. Os liciech chi gyfrannu at goffra'r eglwys, mae pob croeso i chi neud. Ac aros yma efo ni fydd ora o lawar i chi bellach.

BEN: Na, mae 'na amod yn y wyllys. Rydan ni fod i wario'n arian ar godi busnas. Mae Jâms wedi prynu sdesion yn barod rhag ofn daw 'na drên, a mae Seimon wedi prynu twll chwaral iddo fo'i hun, un a'i lond o ddŵr.

PARCH: Rhyfadd braidd?

BEN: Nagdi. Meddwl osod o i ddeifars mae o.

PARCH: Mm! Felly. A pha ryw fusnas sydd gynnoch chi mewn golwg, ŵr ifanc?

PWLMAN: Mae o wedi deud ers oria. Busnas helpu sgwennwrs.

PARCH: O? Rydw i braidd yn y niwl.

BEN: Mynd o gwmpas y wlad ydw i yn chwilio am syniada; rhai i mi; rhai i'w gwerthu.

PARCH: Go brin y gnewch chi'ch ceiniog yn ddwy yn y cyfeiriad yna.

BEN: Mi all'swn. Ma' prindar bob amser yn dŵad a phres i ganlyn. A mi wn i o brofiad mor brin ydi syniada. Deunydd, yr un peth yn union ydi hwnnw. Heb ddeunydd fedar sgwennwr ddim byw. Llwgu fydd i hanas o.

PARCH: A mi dalwch arian reit dda am y syniad ma – y deunydd ma?

BEN: Gwnaf, caniatáu 'i fod o'n syniad o werth, a finna'n medru'i ail werthu o. Unrhyw beth, digwyddiad diddorol, achlysur neu stori.

PARCH: (TARO BEN AR EI WAR) Gyfaill, mi gwelaf hi.
Rydach chi mewn chwaral o syniada. Mae 'na nythod diddiwadd o straeon yn gorffwys dan y llechi 'ma. A phlesar i mi ydi cael 'u rhannu nhw efo chi, ŵr ifanc sy'n ymddangos yn llawn tân a diddordeb. Cymrwch chi Jôs y gweinidog ag achos yr ieir.

PWLMAN: Coc â dwdl dŵ.
(EXIT PWLMAN)

BEN: Diolch i chi run fath, ond mi dwi braidd yn amharod i dderbyn ych haelioni chi. Yr ieir? Stori newydd iawn i mi. Y frech sgynnoch chi mewn golwg? Mi fuom i mor anffodus a chael brech yr ieir dair gwaith yn olynol.

PWLMAN: (YN TARO EI PHEN I MEWN)
Roedd raid i ti 'i chal hi'n olynol ne'i chal hi gyd efo'i gilydd, siŵr Dduw.

PARCH: Na, nid y frech oedd gin i mewn golwg ond ieir, dwsin o ieir oedd yn lloffa yn y fynwant, ac un yn arbennig.
Iâr a dresbasodd yn yr erw dawel hon sydd wedi peri'r fath loes a thrafferth i ddyn a dofednod.
Dim ond fod iâr yn gori ar dri ar ddeg o wya mewn cist run fath â hon.
Roedd un llechan yn ochor y gist wedi symud, a ffor'no roedd yr iâr yn mynd a dŵad, a dyna welodd y Person ryw b'nawn Sul oedd iâr goch fawr yn cerddad allan o'r gist a thri ar ddeg o gywion bach melyn fel briallu'n 'i dilyn hi.

Go dda, go dda. Amiwsing. I mi fel hynafiaethydd mae yna negas ddwbwl yn gorffwys yn hanas yr iâr sy'n codi o'r gist. Na, mi gwela i hi. Gwelaf. Mae yr iâr yma yn rhoi gair go dda ym mhlaid yr Atgyfodiad. Ydi ydi, **mae** hi, yn llythrennol ac yn gadarn ddigon. Yr hen iâr goch yn cynrychi-oli'r lliaws llawen sy'n codi o'r beddau.

BEN YN RHUTHRO AM EI BAD SGWENNU O'R BAG AC YN SGWENNU NODYN BRYSIOG.

PARCH: Mi fasa Donald wedi gwirioni efo honna.

BEN: Donald?

PARCH: Yr Uwch Ganon Donald Sôpyr, gŵr o farn finiog fel finna ac un a lwyddodd i rwygo rhagfarna'r piwritan poetha.

BEN: Rydw inna nad fy ngwaetha'n tueddu i wirioni ar honna hefyd. Mae 'na ddeunydd awr ne well yn honna o dan y teitl 'Newid Byd' falla.

PARCH: Frawd annwyl. Beth sydd o'i le ar 'Yr Atgyfodiad'?

BEN: Dwi ddim yn siŵr, ma' 'na rwbath yn gysegredig i mi mewn mynwant. Mi ddylen ni barchu'r marw, does bosib?

PARCH: Parchu'r byw ydach chi, gyfaill bach, a'i barchu o tra bydd o fyw yn ein plith ni. A'i gofio fo'n fyw yda ni wedi iddo fo farw hefyd, ond raid i ni ddim gneud hynny mewn mynwent yn fwy nag unrhyw fan arall.

PARCH: Debyg iawn.

BEN: A hynny, falla, ar draul tarfu pobol.

PARCH: Tarfu ydi swyddogaeth, ydi pwrpas drama, ylwch **chi.** Mi wn i gymaint a hynny er cyn lleiad wn i am ddrama. Gyda llaw, Mr Ben, raid i chi ddim poeni'n ormodol am godi fy sylwada a fy straeon i. Mae'r cyfan gen i ar gof a chadw yn fy llyfr, ylwch **chi.** Chi fydd pia fo ylwch chi. Am dâl teilwng, wrth reswm. Daw cyfle i drafod y pris maes o law.

BEN: Y tarfu ma? Dyna wirionadd arall sy'n cael mynd at y casgliad. 'Tarfu ydi pwrpas drama.'

PARCH: A mi rydach chi'n cytuno efo mi?

BEN: Ydw, i radda ma'n debyg bod diddori yn bwysig hefyd.

PARCH: Dyna hi eto. Diddori. Diddori ydi tîn a phen bob un dim dyddia yma. Pregetha'r Sul run fath yn union. Dyna pam bod yr eglwysi a'r capeli'n gwagio, ylwch **chi.** Am fod y pregethwr hiddiw yn rhoi mêl, mêl a dim wermod. Run oedd y stori ddoe o ran hynny, o Borthcawl i Ewenni. Stori ddoniol i ladd y bulsan.

BEN: Ydach **chi'n** hoff o roi'r bulsan?

PARCH: Pregath ddeng munud i ddiwyllio, i ddofi'r gwrandawr fydd gin i. Ma'n wir y bydda i'n taranu llai yn y bora. Yn y bora y mae Lady Theobold, Plas Peilliad yn mynychu, a ma'i nerfa hi'n ddrwg iawn. Ar win Sanatogen ma'r hen ledi'n byw. Cristion os buo Cristion 'rioed, a dynas gall gyda hynny. Hi sy'n talu hannar fy nghyflog i, a hynny heb dderbyn ceiniog o gronfa'r eglwys.

BEN: Ma hi'n gefn i chi.

PARCH: Ydi. Hannar canpunt yng nghasgliad y Diolchgarwch a gŵydd bob Dolig.

BEN: Mae'n amlwg ych bod chi a'ch calon yn y gwaith.

PARCH: Llunio pregath a chwilio i hen hanas y plwy ydi byw i mi bellach.

BEN: Yn enwedig llunio pregath?

PARCH: O ia'n sicir ddigon, plesar pur ydi llunio potal – llunio pregath. Hen bryd hefyd.

PWLMAN: (YN CYRRAEDD EFO'R TE A THEISEN AR HAMBWRDD, A RHOI EI LLWYTH, YN ÔL EI HARFER, AR Y GIST) Egsgiws mi, (WRTH Y PARCH) mi glywis i honna. Mi wyddoch yn iawn mai fi sy'n gofalu am ych pregetha chi. Wn i'm be sy' gynnoch chi'n erbyn cydnabod hynny.

PARCH: Annheg iawn. Rydw i'n fwy na pharod i gydnabod. Lle mae diolch yn ddyledus mi rho i o'n llawan.

PWLMAN: Clyw, wir Dduw (WRTH BEN, MEWN STÊM) Mae o wrth 'i fodd yn fy mychanu i, a hynny yng ngŵydd pobol. Mae o'n trio rhoi'r argraff mod i'n cyntri bwmcin yn dda i ddim ond i llnau'r horwth tŷ 'na a chanu'r gloch.

PARCH: Pwlman, Pwlman, beidio mai'r ddiod sy'n siarad? Rw't ti wedi bod yn fy niod i, mi gymraf fy llw.

PWLMAN: Naddo. Sut medrwn i? Rydach chi wedi yfad y port bob dropun. Ma'r botal cocbyrn yn sych grimp.

PARCH: At fy mhresiyr i ma' hwnnw.

BEN: Dwi'n teimlo bod yn harddach i mi madael. Trafodaeth breifat rhwng mistar a morwyn ydi hon.

PWLMAN: Paid a sdyrbio. Aros lle rwyt ti. Rydan ni'n ca'l storm fel hyn ryw ben bob dydd. Efo te ddeg rhan amla.

PARCH: (WRTH BEN) Eitha reit, ond teg ydi d'eud bod Pwlman o natur ymfflamychol.

PWLMAN: Ymfflamychol o faw. (TAWELU'N SYDYN) Dydw i ddim am i bobol feddwl mod i'n dwp, dyna'r cwbwl.

PARCH: Rydw i'n cytuno.

PWLMAN: Nag'dach. 'Companion', medda chi. Ond parch 'hogan estyn a chyrradd' ydw i'n ga'l gynnoch chi. Nid ryw ffliwtan benchwiban ydw i. Rydw i'n medru llunio pregetha. Dwi'n hogan ddiwylliadol.

PARCH: 'Ddiwylliedig' faswn i'n ddeud.

PWLMAN: Deudwch o 'ta. Pwy ond hogan ddiwylliedig fasa'n medru gneud pregath newydd i chi at bob Sul, a nid pregath ydi'r unig beth fedra i sgwennu.

PARCH: Eitha reit, ond rhaid i ti gytuno mai gwamal a dichwaeth oedd pregath y Sul dwaetha. Mi fuo mi'r drws nesa i farw yn y pulpud pan ddisgynnodd fy llygad i ar y fath destun.

PWLMAN: Dyna fy rheswm i am i ddewis o. Petaech chi wedi agor y Beibil cyn mynd i'r pulpud mi fasach wedi ca'l rhybudd.

BEN: A beth oedd y testun, mor hy â gofyn?

PARCH: Gwell anghofio. Dileu y cyfan. (MAE'N DECHRAU CRIBINIO FFWL PELT)

PWLMAN: Na, ma'n iawn i'r hogyn ga'l gwbod.

PARCH: Gwilydd gin i arddal o. I feddwl mod i wedi pregethu arno fo.

PWLMAN: Doeddach chi mo'r cynta i bregethu arno fo. A tasa chi'n darllan amball i lyfr yn lle astudio cerrig beddi mi fasach yn gwbod hynny. Ma'r pregethwr Batus, Rolant Pitar, wedi **hen** ga'l blaen arnoch chi. Mi bregethodd o arni yn Aberystwyth dro byd yn ôl.

PARCH: Pregethu ar ryw **lo** o bob peth. Fedrwch chi feddwl am ryfeddach testun, Mr Set?

BEN: Un doniol, braidd, ddeuda i. Mi ro i y llo ymhlith y Sebras. Deunydd lliwgar.

PWLMAN: Rw't ti'n iawn, mae 'na rwbath yn dy ben di. Doniol ddeudodd y Parch Henry Rees hefyd wedi i Berson Llanrhuddlad ddeud yr hanas wrtho fo. Mi chwerthodd dros y tŷ.

PARCH: Na, chreda i mo honna. Morris Williams, Nicander, oedd person Llanrhuddlad, a go brin y gwelach chi o na Mr. Rees yn mwynhau sothach fel'na.

PWLMAN: Mae o'n wir bob gair. John Jones, Myrddin Fardd sy'n cofnodi'r hanas. Dyn oedd yn cadw llew yn giât lôn.

PARCH: Hynafiaethydd fel finna oedd Myrddin, hynafiaethydd a dim arall.

BEN: (WRTH PWLMAN) Dowch ag o. Tyd â'r hanas i mi.

PWLMAN: Ia, a manteisia ditha arno fo. Mae 'ma ddeunydd chwartar awr eitha diddorol i ti. Roedd yr hen bregethwr Rolant Pitar yn aros y nos Sadwrn yn nhŷ un o flaenoriaid yr eglwys lle roedd o'n pregethu drannoeth. A chan fod yr hen Rolant yn ca'l y gair o fod yn dewis testuna gwirion mi ofynnodd y blaenor iddo fo mewn dull cyfeillgar a chlên fasa fo'n dewis testun go fuddiol a chall at drannoeth. A mi gytunodd yr hen bregethwr.

PARCH: Ffŵl oedd o. Hen ffwlcyn gwirion.

PWLMAN: Ond ar y ffordd i'r capal dyma **ail** flaenor, yn ymosodol iawn, yn mynnu fod yn hen bryd iddo fo ddechra dewis amball destun call. Ddaru yr hen Rolant addo dim i hwn. Ond pan aeth o i'r pulpud a dŵad at 'i destun,

dyma ddeudodd o gan edrach i fyw llygad yr ail flaenor yn y sêt fawr. 'Y bedwaredd bennod o'r Datguddiad a rhan o'r seithfed adnod – "A'r ail anifail oedd debyg i lo." '
(WRTH BEN). Neith hi dy dro di?

PARCH: Dyna ddigon o dy hen straeon gwirion di. Dowch i roi clust i betha amgenach, Mr. Ben. Dwi'n meddwl y medra i fod fwy o help i chi. Gair am y gist yma i gychwyn.

BEN: Diolch fawr i chi. Ond tybad oes modd i chi symud y gweddill bwydiach? Dydw i ddim yn hoff o weld picnic ar garrag fedd.

PWLMAN: (YN EI SYMUD) Ella bod chdi'n iawn.

PARCH: Rhydd i bawb 'i farn ŵr ifanc. Eto i gyd, anodd ydi meddwl am well bwrdd. Mae'n bosib eich bod chi'n fy ngweld i'n an'sdyriol. Pell o hynny ydi'r gwir. Mae'r hen fynwant cystal â bod yn ardd i mi, a'r hen gerrig 'ma bron â bod yn ddodrefn i mi. Ydw, rydw i wedi byta droeon ac wedi yfad peintia ar amal i bnawn braf ar yr hen gist. Rydw i wedi isda arni hi droeon yn myfyrio ac yn tyrchu yn fy sgrolia. A do, mi rydw i wedi penlinio wrth 'i hochor hi a nhalcan yn dynn ar 'i gwynab hi yn sgwrsio efo Nhad Nefol. Carrag ydi hi i mi, ylwch **chi**, carrag amal bwrpas.

PWLMAN: Ew, ia. Neis honna toedd? Mae o'n i medru hi'n iawn pan licith o.

PARCH: Fodd bynnag, dyna hynny wna i o ddatgelu dirgelion cudd fy nghalon. Amgenach gwaith o'r hannar fydd rhannu hanas y cerrig 'ma efo chi, Mr. Ben.

BEN: Mi **gewch chitha** ngalw i yn Ben.

PARCH: Thancs. Galwch chitha finna'n Parchedig.

PWLMAN: Mi fasa'n haws ych galw chi'n Parchedig tasa chi'n gwisgo'n debyg i un. Rydach chi'n debycach i joci tasa chi'n gofyn i mi.

PARCH: Mae Pwlman yma ers gormod o amsar, ylwch **chi**, ma' hi'n mynd yn 'fforward' efo mi. Ond gair am y gist. Mae'r rhain fel y gwyddoch chi wedi mynd allan o'r ffasiwn bellach, a da hynny. Llawar tlysach a dirodras yn

fy marn i ydi llechan las blaen a'r arysgrif arni yn fyr ac i bwrpas, enw a chyfeiriad a fawr fwy na hynny. Gyda llaw, mi synnach chi cymint o bobol sy'n dal i gredu fod yr arch yn gorwadd ar wyneb y tir ac yn mochal o dan y gist. Ond nid dyna'r hanas, wrth reswm. Mae'r ymadawedig dipyn yn îs na'r wynab.
Dau fab ffarm, un o ffermydd mwya'r ardal sydd wedi'u claddu'n fan yma. Os byddwch chi'n cyfeirio atyn nhw ar ryw gyfri, peidiwch â'u galw nhw yn Tomos ac Ifan, am mai dyna'u henwa iawn, ylwch chi.

PWLMAN: Laurel an' Hardy.

PARCH: Mi alwn ni y cartra yn Garnedd Lwyd. Roedd y ddau fab yn llancia ifanc yn 1914-18, ac mi galwyd nhw i'r fyddin. Ia, y ddau, hynny er mawr syndod i bobol yr ardal gan fod digon o waith iddyn nhw adra ar y tir. Fodd bynnag, daeth gorchymyn i'r Garnedd fod Tomos, oedd flwyddyn yn hŷn nag Ifan, i fynd i Wrecsam am archwiliad meddygol. Mi aeth yr hogyn yno'n ufudd ond yn anfodlon iawn. Mi gafodd archwiliad manwl ac mi bodiwyd o o'r gwaelod i'r top, i fyny ac i lawr. Methu'r prawf fu hanas Tomos, ac adra lle roedd dirfawr angan amdano fo y daeth o.

PWLMAN: Ac yn dawnsio a chanu ar hyd y ffordd i'r iard.

BEN: Gafodd Ifan y mab fenga aros adra i ffarmio?

PARCH: Rhoswch, ymhen blwyddyn go union mi alwyd ar Ifan hefyd.

BEN: A mi aeth wrth gwrs?

PARCH: Naddo. D'aeth Ifan ddim, mi aeth Tomos o flaen y Doctor yn 'i le fo.

BEN: A ddaru'r tric ddim gweithio, siŵr?

PARCH: Do, **mi** weithiodd. Ac o gofio bod blwyddyn wedi mynd heibio a geinia os nad cannoedd o lancia ifanc wedi bod o flaen y meddyg, hawdd ydi credu hynny.

PWLMAN: (WRTH BEN) Dwyt ti ddim yn 'i gweld hi eto, nagwyt? Doedd isio i Tomos neud un dim ond mynd o flaen y Doctor yn union run fath a'r flwyddyn cynt ond bod o'n mynd yn enw Ifan, ac yn mynd â phapura Ifan efo fo.

BEN: Twyll oedd hynna, a deud y gwir.

PARCH: Oes **mae** ’na elfan o dwyll. Hannar yn hannar oedd y farn gyhoeddus ar y pryd. Un hannar yn drwm ar yr hogia am dwyllo.

PWLMAN: A’r hannar arall yn curo’u cefna nhw ac yn gweld y tric yn gythral o un da.

MAE BEN YN CERDDED YCHYDIG GAMAU PENDANT ODDI WRTH PARCH A PWLMAN. MAE EI GEFN TUAG ATYNT A’I DDWY LAW AR EI BEN.

PWLMAN: Bechis rŵan debig?

PARCH: Ydach chi ddim yn dda, Mr. Ben?

BEN: (TROI I’W HWYNEBU) Na, rydwi’n well na buom i ers tro byd. Mae yn fan’ma ddeunydd diddiwadd i mi. Ma’ honna’n stori a datblygiad yn dŵad i chanlyn hi. Mi allswn yn hawdd ehangu dipyn ar y tro trwstan neu’r twyll – galwch o’n be fynnoch chi. Mae yn fan’ma stori sy’n ein gwadd ni i feysydd cymhleth rhyfal a heddwch.

Mae yma le i'r heddychwr a'r terfysgwr. Ac efo dipyn o mystyn, siawns nad oes yma le i gynnwys gwrthgiliwr neu ddau.

PWLMAN: Disyrtyr ydi cwdgiliwr, te?

BEN: Ia, rwbath yn debig. Ydach chi'n cytuno bod yma bosibiliada' Parch Lewis Lewis?

PARCH: (BRAIDD YN DDIAMYNEDD) Siŵr o fod, siŵr o fod. Mi gewch y cyfan yn fy llyfr i. Mi fydd yn werthfawr tu hwnt i chi.

BEN: Mae gynnoch chi farn aeddfad ar gwestiwn rhyfal a heddwch, does bosib?

PARCH: Nagoes. Damia chi. Dwi wedi dysgu ofni cwestiyna o'r fath. Person plwy parchus ydw i, un sy'n cofio'r Frenhinas a'i thylwyth glandeg deirgwaith bob Sul.

PWLMAN: **A** 'remember the Royals' yn yr English Unorddeg.

BEN: Ond yn sicir ddigon mae yn fan hyn le i drafod cymod a heddwch a'r gorwario ar arfa', a phetha o'r fath. Dyma ddeunydd drama gyffrous.

PARCH: Tewi ydi nghyngor i i chi yn y cyfeiriad yna. Newch chi un dim gyfaill ond codi helynt a tharfu cymdeithas.

PWLMAN: Tarfu'r pijions mae o'n feddwl 'sdi.

BEN: Ma'n ddrwg gin i. Ond os ydw i'n cofio'n iawn Parchedig, onid chi ddeudodd wrtha i mai tarfu ydi diban drama.

PARCH: (YN BIGOG) Debyg iawn, debyg iawn. Ond mae 'na fwy nag un math o darfu, a tharfu gwahanol iawn ydi hwnna, tarfu heb unrhyw alw amdano fo.

Y NESAF AT Y GIST YW CARREG DIR GO FAWR SYDD WEDI BOD YN Y DDAEAR ERS CANTOEDD. MAE PWLMAN YN MYND AT HON GAN ROI UN DROED AR EI PHEN GAN SEFYLL YNO.

PWLMAN: A charrag pwy, medda chi, ydi hon? Does neb odani ar hyn o bryd, ond mi fydd 'na ryw ddwrnod. EFE... (Parch) a ma'r hen garrag yn aros yn eiddgar amdano fo. Ma'i enw fo arni'n barod, tair llythyran, El O El. Lewis Owen Lewis. Lol.

PARCH: Ia, Mr. Ben. Byr ac i bwrpas, fel y deudis i droeon. Yr enw a'r dyddiad yn unig sydd ddigon i mi.

PWLMAN: Ofn i rywun godi hen grachod s'arno fo. Mi wn i am grachan neu ddwy fasa'n taro i'r dim yn fan hyn.

PARCH: Cymer bwyll. Feiddiat ti ddim.

PWLMAN: Dibynnu dydi? Dibynnu pwy fydd y cynta' i fynd.

BEN: Mae'n od braidd.

PARCH: Un od fuo Pwlman 'rioed, Mr. Ben.

BEN: Na, na, ych gweld chi dipyn yn od ydw i.

PARCH: Beg pardwn? **Fi** yn od?

BEN: Ia, chi fel hynafiaethydd. Mi faswn i'n disgwl i hynafiaethydd werthfawrogi llond llechan o fanylion, amcan sut un oedd yr ymadawedig, a gair am ei alwedigaeth o, boed o soldiar, saer neu siopwr. Mi faswn yn meddwl fod pob

	mynwant yn faes ymchwil toreithiog i hynafiaethydd. Wir, dyna'r rheswm i mi droi i mewn yma ar fy ffordd i chwilio am ddeunydd.
PARCH:	Ddrwg gin i os bu i mi'ch siomi chi.
BEN:	Ddim o gwbwl, rydw i wedi ca'l amal i berl gynnoch chi, a mwy na pherl unwaith neu ddwy.
PWLMAN:	Paid a dechra gwerthu lledod. Dywad be ti'n feddwl ohono fo, ma'i hen gefn o'n ddigon llydan.
PARCH:	Na, go chydig o ddim o werth ges i oddi ar garrag fedd 'rioed. Enw, cyfeiriad ac oed, rhaid ca'l rheini. Popeth yn iawn, diolch amdanyn nhw. Ond eithriad prin ydi i hynafiaethydd weld dim o werth yn y truth arferol. Rydw i'n cytuno efo chi, da o beth ydi nodi gwaith dyn ar i garrag o, ond gwaetha'r modd mae'r arfar doeth hwnnw bron wedi'i gladdu i ganlyn y Gwehydd, rhen dlawd. Dydi'r truth sebonllyd arferol 'yr hyn a allodd hwn efe a'i gwnaeth' a'i debyg yn golygu dim i mi. Na, yn y stydi...
PWLMAN:	...yn sipian 'i gocbyrn pan ddyla fo fod yn gneud pregetha...

PARCH:	Ia, ma Pwlman o'i chwmpas hi tro yma. Ar silffoedd y stydi mewn cyfrola trwchus mae fy chwaral chwilio i. Mi fyddan yn gymorth amhrisiadwy i ŵr ifanc fel chi. Rhyngoch chi a mi a'r meini 'ma synnwn i ffeuan na fasa'r Brifysgol yn mynnu mod i'n cymyd doethuriaeth am fy nghampwaith. Ond chi fydd pia'r cyfan...
PWLMAN:	Swanc swanc pwysig pwysig. Ddim yn arfar ymysg pobol mae o. (RHEDEG O'R GOLWG)
BEN:	Ddrwg gin i.
PARCH:	Peidiwch a gofidio dros Pwlman, y lleuad sy'n effeithio arni hi, a ma' hi'n digwydd bod yn lleuad llawn dyddia yma.
BEN:	Sobor iawn.
PARCH:	Na, na hidiwch hedyn, ma hi'n llawn mwy diddorol pan ma hi'n diodda llid y lleuad, w'bod be ddyfyd hi na be wnaiff hi chwaith, o ran hynny.
	CLOCH YR EGLWYS YN CANU REIT HIR.

BEN: Pwlman sy' wrthi?

PARCH: Ia, un o'i phetha hi. Ma'r tymhora'n deud arni hi hefyd, spring cry' ma'n amlwg iawn. Mi synnech chi, mae 'na rwbath bach yn deud ar y cryfa ohonon ni. Yr hirlwm rhwng Chwefror a Mawrth sy'n fy naddu i. Does gin i ond dau elyn, Mr. Set. Y Bishop Bevan Bwbach a'r Dreth Incwm, yn y drefn yna, a ma'r ddau ar 'u gwaetha'n yr hirlwm. 'Port wine' sy'n fy nghadw i'n symol call ychi. Mi faswn i'n llawar gwaeth nag ydw i onibai am y cocybyrn, yn ôl y Doctor Gryffis. A mae Pwlman hitha wedi mynd yn gythral amdani rŵan. Synnwn i hadan nad ydi hi'n y stydi ne'r selar yn slotian i hochor hi y munud 'ma. Ond dyna ni, does dim i guro amball i lymad.

BEN: Nagoes, ma' siŵr. Ga i ofyn be oedd yn cyfri am ganu'r gloch gynna?

PARCH: Dim. Dim un dim ond un o bylia Pwlman, chwara teg iddi.

BEN: Ond mi all'sa'r saint dybio bod yma wasanaeth.

PARCH: Na, go brin. Digon cyndyn ydi'r

diawlad o ddŵad ar Sul heb sôn am ddydd gwaith. Felna mae Pwlman a finna'n byw ychi. Mewn lle dinadman fel hyn mae dyn yn mynd yn wahanol heb yn wybod iddo'i hun, welwch chi, Mr. Set? Mi ydan ni wedi ca'l cwmni'n gilydd ers bron i awr.

BEN: Do, a diolch amdano fo...

PARCH: (YN GWNEUD ARWYDD NAD OES ANGEN DIOLCH TRWY YSGWYD EI FRAICH) Na, na, fy mraint a'm huchelgais i ydi bod o gymorth. Deudwch y gwir wrtha i. Ydach chi'n meddwl mod i'n ca'l fy nhynnu?

BEN: Be dachi'n feddwl?

PARCH: (YN DDIAMYNEDD) Dowch ddyn. Tebwch fi. Ydw i'n ffel? Ydw i'n gall? Ydw i'n debyg i ddyn arall. Y gwir?

BEN: Ydach, siŵr iawn.

PARCH: (YN RHOI CLUSTAN I BEN) Gwlanan ydach chi.

BEN: (YN RHWBIO'I FOCH) Na, dwi'n meddwl ych bod chi dipyn bach yn wahanol.

PARCH: (CYDIO YN BEN GERFYDD EI JYRSI) Mwy mwy mwy, 'gorwch y fflodiat.

BEN: Rydach chi'n ddiawl gwirion.

PARCH: Ydw. Thanciw, ngwas i. Coelia i chi am bopeth, – am bob un dim rŵan.

BEN: Rydan ni'n dallt 'yn gilydd bellach.

PARCH: Ydan, siort ora'.

BEN: Rydach chi wedi rhoi llawar i mi. Rydw i wedi elwa. Ma' hi wedi bod yn awr fydd yn aros yn fy ngho i'n hir, dwi'n meddwl. Dwi'n mynd yn hoff o'r lle 'ma. Anodd fydd madael.

PARCH: Debig iawn, debig iawn (YSGWYD LLAW) Ond rhaid i chi beidio anghofio pwrpas yr alwad. (SYMUD AT SGWÂR O RELINGS A CHOFGOLOFN YN EI GANOL) Rydach chi'n cofio i mi sôn am yr annwyl, annwyl Ledi Theobold o Blas Peilliad.

BEN: Ydi hi wedi'i chladdu?

PARCH: Na, na, dydi hi ddim wedi marw chwaith. Ma' hi'n fyw iawn ond ei bod hi'n ca'l gryn draffarth i gerddad.

BEN: Felly ro'n i'n dallt, roedd Pwlman yn deud wrtha i.

PARCH: Ma' hi wedi bod yn driw i'r achos bach yma drw'r tew a'r tena. Dau o'r gweision, y sioffar a Ffred y ffwtman yn 'i chario hi un bob pen i'r polyn o'r car i'w sêt yn yr eglwys.

BEN: Ia, roedd Pwlman yn deud am y godwm.

PARCH: Na, na, na, doedd honno ddim gwerth sôn amdani. Doedd yr hen Ledi damad gwaeth. Ma' hi'n hen wraig gre' iawn. Fodd bynnag, dyma lle gorwedd teulu Plas Peilliad. Mae'r cyrnol, sef tad y Ledi, a'i mam yn gorffwys yma. Fuo'r ddau fyw i oed mawr gan neud cymwynasa dirifedi â'r ardal a'r eglwys. Mae yma ffenast liw werth cannoedd o bunnau i gofio'r Cyrnol yn nhalcen yr eglwys, wedi ei rhoi er cof am yr hen wron. Fuom i 'rioed yn rhy hoff o'r ffenast liw, peth i edrach **drwyddi** ydi ffenast i mi, nid peth i edrach **arni.** Ma'r hen Ledi Theobold yn llawar callach dynas na'i thad, ma' hi a'i thraed ar y ddaear.

BEN: (CHWERTHINIAD BYR) Doniol

braidd am ddynas sydd yn ca'l ei chario ar bolyn.

PARCH: (YN CHWERTHIN MWY) Ia, mi gwelaf inna hi rŵan. Enghraifft arall o Berson y Plwy yn traddodi'n flêr, ylwch chi. Mae Pwlman byth beunydd yn f'atgoffa i o mlerwch.

BEN: Beth oedd hanas y mab?

PARCH: Ia, Master Eric, un drygionus tu hwnt ac ofar hefyd, ond hoffus sylwch **chi.** Ac un fu farw ym mloda'i ddyddia'n te. Hel diod oedd 'i ddilyit o, a hel merched oedd 'i wendid o. (SIBRWD YNG NGHLUST BEN) Merched drwg iawn.Mi fydda'n dianc i'r dinasoedd mawr bob cyfle gâi o efo'r wagonét. Na, nid wagonét, y peth arall hwnnw, mi wyddoch chi dwi'n siŵr braidd, 'saloon câr' a'i wegil o'n agor neu gau fel bo'r galw.

BEN: Landolét.

PARCH: Dyna chi wedi hitio hi. **Lando**. Fydda'n ddim gan Master Eric gychwyn ar ôl 'high tea' am Landrindod, neu Gaer dro arall. Tsiap smart i ryfeddu, plys ffôrs o'r 'harris tweed' meina. A deud y gwir i chi, fi gafodd y trowsus ar i ôl o i gofio amdano fo gan yr annwyl, annwyl Ledi Theobold. Ond gwaetha'r modd mae nghroen i'n alyrjic i'r 'tweed'. Hen grafu onide? Llawar gwell gin i (CURO EI GLUN) y cafalri twil. (YNA'N DRIST IAWN) Na wir i chi, mi gafodd y Cyrnol a'r hen wraig gryn boen a thraffath efo Master Eric. Syndod ydi iddyn nhw fyw cyhyd.

PARCH: (YNA FEL PETAI O'N DEUD CYFRINACH) Fydda i ddim yn deud hyn wrth bawb, ond mi dwi'n teimlo braidd eich bod chi fel un ohonon ni er mai cwta awr sydd er pan ddaru ni gwarfod. Credwch fi, mae'n wir, yr Annwyl Annwyl Ledi Theobold ddeudodd wrtha i, 'in confidence', wrth reswm. A nhwtha yng nghanol gêm o crocê ar y lawnt ym Mhlas Peilliad ar noson fwyn a chynnas yng Nghorffennaf, be ddyliech chi gyrhaeddodd, Mr. Benjamin.

BEN: Rolls Royce newydd danlli, falla.

PARCH: Oh, no no no no, gwaeth o'r hannar. Dynas ddu a dau blentyn bach tlysa welsoch chi o'r un lliw o bobptu iddi. A Master Eric, wrth gwrs oedd yr awdur.

BEN: Trist iawn.

PARCH: Yn wir, yn wir. Ond tristach lawar fu diwadd Master Eric.

BEN: Ei ladd gafodd o?

PARCH: Ia, yn wir. Roedd y Cyrnol, ylwch **chi,** wedi prynu eroplên fechan i Eric, cannwyll ei lygad onide, Chrysler Moth dwi'n credu oedd y plên.

BEN: Tiger moth, falla.

PARCH: Dyna chi wedi hitio hi, fachgan. Dyna hi'n union. Doedd dim diwadd ar gampiau Master Eric yn y Moth. O dan Bont y Parc y lladdwyd o. Yn hytrach na hedfan dros y bont fel pob dyn symol doeth, mi ddewisodd Eric fynd odani hi. Ac wrth gwrs, **odani hi yr aeth o.** Damwain flin i ryfeddu. Y Wings, y ddwy adan oedd y drwg, ylwch **chi.** Yn rhy lydan.

BEN: Neu y bont yn rhy gul.

PARCH: Debyg iawn. Rydach **chi'n** gweld y llun. Mi aeth corff y Moth trwodd yn burion gan adael y ddwy adan ar ôl o boptu'r bont. Glywis ddeud i rai honni gweld Master Eric yn codi'i fawd o'r cocpit y peth ola' cyn mynd i'w dranc. Ia'n wir, sad a rhyfygus onide?

BEN: (YN CODI LLOND LLAW O RAEAN A'I DAFLU I'R SGWÂR) Heddwch i'w lwch.

PARCH: Oh, dyna 'nice gesture'. Glynwch chi wrtha i Benjamin, a mi fyddwch chi'n olreit. Yma efo ni y byddwch chi bellach.

BEN: Diolch, ia diolch am roi o'ch amsar i mi.

PARCH: Fy mraint i. A chryn gymwynas â chitha. (EDRYCH I'R SGWÂR / GORLAN) Lle i un sydd ar ôl yna, wrth gwrs.

BEN: A'r annwyl, annwyl Ledi Theobold fydd honno.

PARCH: Siŵr, siŵr. (PARCH YN RHOI EI FRAICH YM MRAICH BEN, A'R DDAU'N MYND I EISTEDD AR Y GIST. DAW PWLMAN I'R GOLWG WEDI NEWID I SGERT FINI)

PWLMAN: Dwi'n teimlo ddeng mlynadd yn

fengach ar ôl ca'l molchiad iawn a **newid dillad.**

PARCH: Fuost ddigon hir. Ro'n i'n dechra meddwl dy fod ti wedi **newid byd.**

BEN: Dydw inna ddim wedi ca'l dŵr ar 'ngwynab er ben bora. A mi liciwn i ga'l mynd i'r lle chwech.

PARCH: Ar bob cyfri. Ewch, dyma'ch cartra chi, bellach.

PWLMAN: Mi ddo i i ddangos i ti.

PARCH: Na, rw't **ti** wedi bod yno'n ddigon hir am un dwrnod, mi â i i ddangos i Ben.

PWLMAN: **Ben** ydi hi rŵan. Ydach chi wedi blydi fabwysiadu onta'n do?Tendia fo Ben.

PARCH: Nag'dw, ond mae'r hogyn yn mwynhau'i hun yma. Mae o fel un ohonon ni. (BEN A PARCH YN MYND)

PWLMAN: Mm. Faint faswn i'n roi am ga'l un noson yng ngwely hwnna.

PWLMAN YN GORWEDD AR WASTAD EI CHEFN AR Y GIST, AC YN GWNEUD POB MATH O

SIAPIAU CARU EFO'I BREICHIAU A'I CHOESAU. OS OES ANHAWSTER IDDI ORWEDD AR Y GIST FE WNA GORWEDD AR LAWR Y TRO. DAW PARCH YN EI ÔL A DAW PWLMAN I LAWR O BEN Y GIST.

PARCH: Rŵan, dwi am i ti wrando arna i.

PWLMAN: Dydw i wedi gneud dim ond gwrando arnoch chi, gneud ych pregetha chi, a llnau rhen honglad hen dŷ na ers pum mlynadd a mwy.

PARCH: Ond mae hyn yn bwysig. Yn bwysig i ti a minna. Rydw i wedi gweithio ar y boi 'ma yli. Mi dalith i ti wrando. Mae o'n foi ariannog iawn faswn i'n ddeud, a mi rydw i wedi'i ga'l o i wirioni ar yr hen le 'ma.

PWLMAN: Roisoch chi glustan iddo fo run fath â'r un roisoch chi i mi y bora hwnnw yn lobi'r eglwys?

PARCH: Do, mi rois i glatjian reit gynnas iddo fo, ond run hannar cyn gletad â'r un gest ti. Dydi hwn ddim hannar mor gyndyn o gydweld efo mi, mae o'n derbyn fy mhetha i a mae o'n cymyd ata i fel sgodyn at ddŵr. Ac yn cymryd at yr hen le 'ma hefyd.

PWLMAN: Siwtio i'n iawn. Hannar gair gynnoch chi mi fydda i drw giât fynwant, a mi geith Shakespeare aros yma efo chi.

PARCH: Tyd rŵan. Paid â bihafio fel hogan ysgol. Mi rydd pres hwn ni ar yn traed. Mae 'na waith gwario, mae'r to uwchben y pwlpud yn gollwng fel gogor.

PWLMAN: Uwchben pulpud! Dryi rot ydi hwnnw siŵr Dduw!

PARCH: A mi ofala i bod chditha'n ca'l llwyth reit dda o bres pocad.

PWLMAN: Pres pocad? Be ma' peth felly'n dda i mi d'wch? Dydw i ddim wedi ca'l mynd trw'r giât na er dydd dois i yma.

PARCH: A phe tawn i'n deud dôs? I ble'r aet ti? Does gin ti ddim cartra i fynd iddo fo. Rw't ti wedi ca'l to uwch dy ben gin i.

PWLMAN: Do, a mi ydw inna wedi gweithio fel caethwas amdano fo.

PARCH: Nid mod i'n edliw.

PWLMAN: Na, na, siŵr iawn. Ddaru chi 'rioed.

PARCH: Fi ddysgodd di i ddarllan a sgwennu. Fi rôth hyder i ti, a fi rôth dy arddull i ti.

PWLMAN: 'Diolch i ti Arglwydd Mawr am y sêr a golau'r wawr.'

PARCH: A thria gofio mor anllythrennog oeddat ti'n dŵad yma.

PWLMAN: O, twll ych tin chi, be'dach chi'n ddisgwl i mi neud?

PARCH: (YN CLENIO) Mwytho dipyn arno fo. Wyddost **ti**. Edrach yn myw 'i lygad o. Rhwbio dipyn arno fo.

PWLMAN: Ddyla hynny ddim bod yn anodd.

PARCH: Dyna fo, felly. Mi wna i ryw esgus i fynd o'r golwg.

PWLMAN: Ac aros o'r golwg. (DAN EI GWYNT).

PARCH: Mi â inna i molchi rŵan. Neith hi mor tro i ni ga'l dau lân ac un budur.

(YN CYCHWYN A THROI YN ÔL AT PWLMAN) Un peth arall tra phwysig.

PWLMAN: Be rŵan eto?

PARCH: Fy llyfr i sydd yn y sêff.

PWLMAN: Ych llyfr **chi**? Phia chi mono fo. Llyfr cofnodion yr eglwys ers can mlynadd ydi hwnnw. A llawar dyn callach na chi wedi cyfrannu iddo fo...

PARCH: ...Rŵan rŵan rŵan. Dyna 'nghyfla i. Rydw i am 'i werthu o i'r gŵr ifanc 'ma.

PWLMAN: (YN CODI LLAIS) Feiddiach chi ddim. Feiddiach chi ddim. Pwyllwch ddyn.

PARCH: Pwyllwch! Pam dylwn i bwyllo? Ma' hi'n fwy na hen bryd i mi dorri dros y tresi, a dangos i'r Esgob Bwbach 'na mod i'n fistar arnaf fy hun. Ngyrru i i'r pen draw byd yma o olwg dyn ac anifail. Rydw i'n ddyn o galibar. Donald ddeudodd ddeugian mlynadd a mwy yn ôl, 'Yn Nhyddewi neu Lanelwy dylat ti fod Lewis, nid yn fan hyn yn dihoeni'.

PWLMAN:	Peidiwch â'u rhaffu nhw. Fuo Canon Donald Sôpyr 'rioed ar gyfyl y lle 'ma i ddeud bŵ na bê wrthoch chi. A gwrandwch, pryd cymsoch chi'ch tabledi presiyr?
PARCH:	Pach! Does gin i mo'u hangan nhw. Does gin i angan dim ond Parch Periglor, Parch Person Plwy, sydd wedi gorfod byw bywyd meudwy. (MAE'N STOPIO'N STOND AC YN DOD A'I LAW I LAWR YN DRWM AR YSGWYDD PWLMAN) Y Llyfr. Faint goda i ar yr hogyn 'ma. Be ddyliat ti o drichant?
PWLMAN:	Yma efo ni bydd o bellach, medda chi...
PARCH:	...Siŵr iawn.
PWLMAN:	Felly pa ddiban gwerthu llyfr i ddyn sy'n byw run fan â fo? Mi geith i ddarllan o amsar fynno fo, debig?
PARCH:	Y pres, yr arian. Rydan ni – rydw i 'i hangan nhw.
PWLMAN:	Gwnewch be fynnoch chi fel fynnoch chi, dwi'n golchi nwylo oddi wrth ych hen waith budur chi.

PARCH:	Dy gollad di fydd hynny. (YN MYND)
	(SAIB FER)
PWLMAN:	Arglwydd Mawr, byd dyrys ydi hwn. (DAW BEN YN ÔL)
BEN:	Hen dŷ diddorol gynnoch chi.
PWLMAN:	Sut gwyddost ti? Ddaru ti ddim ond rhoi dy drwyn yn bathrwm a dy dîn ar pan.
BEN:	A ma'r hen fachgan Mr. Lewis yn ddyn difyr dydi? Dwi'n ca'l amsar anfarwol efo fo.
PWLMAN:	Anfarwol! Be arall w't ti'n ddisgwl yn fynwant?
BEN:	Roedd y Parch Lewis Lewis yn deud...
PWLMAN:	Oedd **mâ** siŵr. Deudwr da ydio te?
BEN:	Ia, a syniada unigryw.
PWLMAN:	Syniada ffia'dd faswn i'n ddeud. Ben, ma' gin i isio i ti wrando arna i, a gwrando'n ofalus cyn i ti roi dy droed

ynddi run fath â gwnes i. Dyn drwg, drwg iawn, ydi'r hen Berson 'ma. Mae gynno fo ryw allu rhyfadd, cyfriniol bron, i swyno pobol. Mi wn i am gryn hannar dwsin sydd wedi'i chopio hi gynno fo, a'r rhan fwya wedi gweld drwyddo fo mewn pryd a chymyd y goes. Pawb am wn i ond yr hen sguthan Plas Peilliad 'na.

BEN: (O DDIFRI) Yr annwyl, annwyl Lady Theobold? Ma' hi'n o anodd iddi hi gymyd y goes.

PWLMAN: Ydi. Mi ddeudodd rhen ddyn ma betha clên wrthat ti'n do? Ddeudodd bod chdi'n brysur ddŵad yn un ohonon ni a ryw gybôl?

BEN: Do, mi ddaru, a mi dwi siŵr 'i fod o'n i feddwl o.

PWLMAN: Oedd ar y naw. Ddeudodd o bod chdi'n feddylgar, a bod dy betha di'n 'gestures' neis?

BEN: Do. Sut gwyddat ti?

PWLMAN: Yr un hen gân yn union ges i. A gwranda. Ddaru o roi clustan i ti am ddeud nad oes 'na un dim o'i le arno fo?

BEN: Do, mi synnodd hynny fi.

PWLMAN: Mi gymrodd bum mlynadd i mi ganfod fod nam ar feddwl y dyn. Mae o'n beth go fawr i ddeud. Y gwir ydi nad ydi'r dyn ddim yn llawn llathan.

BEN: Dwi'n dechra cytuno efo chdi.

PWLMAN: Ma'n **rhaid** i ti gytuno neu aros yn y carchar lle 'ma am bum mlynadd run fath â buo raid i mi.

BEN: Dwi'n dychryn.

PWLMAN: A ma'n well i ti ga'l gwbod. Pan oeddat ti'n tŷ yn molchi, cynllwynio roedd o, cynllwynio efo mi sut i dy ga'l di i aros yma er mwyn iddo fo ga'l gwario dy arian di.

BEN: Rw't ti'n iawn. Mi soniodd droeon am fy arian i.

PWLMAN: Ond gwaeth na'r cwbwl lot, mi ofynnodd i mi garu efo chdi, a **rhoi** fy **hun** i ti.

BEN: Be ti'n feddwl efo 'rhoi dy hun'?

PWLMAN: 'Mynd ar dy gefn di' yn iaith hogia

dre ar nos Sadwrn.
Rhoi fy hun.

PWLMAN YN EDRYCH YN HIR I LYGAD BEN. BEN YN BAGIO YCHYDIG ODDI WRTHI AR Y DECHRAU, OND PWLMAN YN EI DYNNU ATI. BEN DIPYN YN HIR YN TWYMO, OND Y DDAU YN TWYMO O DIPYN I BETH, YN CLYMU AM EI GILYDD YN ORFFWYLL. YNA'N EISTEDD I GAEL EU GWYNT ATYNT.

BEN: Er, rhaid i mi ddeud mai hwnna oedd munuda gora f'ymchwil i yn y lle rhyfadd yma.

PWLMAN: Gwranda. Mi wyddost fod o'n trio gwerthu'r hen lyfr gwirion na i ti.

BEN: O, ia. Mae arna i bres iddo fo. Rhaid i mi gofio.

PWLMAN: Na, raid i ti gofio un dim. Trio dy dwyllo di mae o. Phia fo mohono fo. A phrun bynnag, dydi o fawr gwell na llyfr sgrap efo dyddiada dwl i lond o. Fydd o o help yn byd i **ti.**

BEN: Tybad? Roedd o'n gofyn…

PWLMAN: Does 'na ddim tybad amdani, a chymar ofal na roi di yr un geiniog amdano fo.

BEN: (YN MYND I'W BOCED A THYNNU ALLAN BAPUR £20) Mi liciwn i ada'l hwn fel cyfraniad bychan at gronfa'r eglwys.

PWLMAN: (YN CIPIO'R PAPUR £20) Twenty smackers! Lle rhown i o?

BEN: Ar ben colofn yr annwyl, annwyl Lady Theobold, a charrag ar 'i ben o rhag i'r gwynt fynd â fo.

(PWLMAN YN CAMU DROS Y 'REILINGS' AC YN TARO'R PAPUR UGAIN PUNT AR BEN COLOFN Y LEDI THEOBOLD)

PWLMAN: Iechyd da. A phob bendith ar y cocbyrn. (MAE'R DDAU YN CYCHWYN) Hei, cofia am dy fag. (BEN YN CODI EI FAG)

BEN: Tyd.

PWLMAN: Ia, mi awn ni trw cefn dros gwt yr elor.

(DAW PARCH I'R GOLWG YN CARIO GWN GAN ANELU AT Y DDAU)

PARCH: Rhoswch y giwed anniolchgar. Does dim dianc i fod. Does neb 'rioed wedi llwyddo i ddianc o'r fan yma. Acer Duw ydi hon. Lle i gadw noswyl ydi hwn, lle i gau pen y mwdwl nid lle i gychwyn byw. (MAE'N PWYNTIO FFROEN Y GWN AT Y BEDDAU) Drychwch arnyn nhw, fy mhlant i. Master Eric a'i dad yr Arglwydd ei hun, y ddau frawd Tomos ac Ifan Y Garnedd, dyna nhw i chi yn deulu bodlon, a mi fydd yr annwyl, annwyl Ledi Theobold yma cyn bo hir. Ac yma mae'ch hir gartra chitha bellach, a minna i'ch canlyn chi. (MAE'N CURO STOC Y GWN YN Y LLAWR A CHODI'I LAIS) Yr hen Esgob Bishop Bwbach yn meddwl bod o'n fy mhiwsio i. Teliffonio'r stydi i mygwth i a finna yng nghanol hel acha'r Doctor Dail sy' wedi'i gladdu â'i draed tua'r dwyrain yn fan'cw. 'Lewis', medda fo, 'dwyt ti ddim yn llafurio, rwyt ti'n gorffwys ar dy rwyfa'. Ydi mae'r cleiriach tew yn meddwl medar o nghodi i o'ma. (MAE'N GWEIDDI'N

ORFFWYLL) Y twmpath uffar am fy ngyrru i bag an bagej i ofalaeth Nant y Blydi Wrach. Be wna i yn y Tyddyn Llwgfa hwnnw a'r Bwbach 'i hun o fewn cyrradd i afa'l yn 'y ngwar i? Na, fan'ma bydda i bellach, a fan'ma efo mi a'r plant byddwch chitha hefyd. Ia, yn gorwadd efo'r plant yn fan'cw. (MAE'N CODI Y GWN AC YN ANELU AT Y DDAU)

PWLMAN: Peidiwch Lewis Lewis. Pwyllwch. Dydach chi ddim yn dda, ylwch? Dyn gwael ydach chi.

PARCH: (CHWERTHINIAD UCHEL FEL CHWERTHIN MERCH) 'Ddim yn dda, ylwch?' Glywsoch chi blant? 'Dydach chi ddim yn dda,' medda hi.

PWLMAN Â'I BRAICH YM MRAICH BEN YN CERDDED YCHYDIG GAMAU TUAG AT PARCH.

PARCH: Rhoswch. Rhoswch lle rydach chi. (MAE'N CERDDED ATYNT GAN ANELU'R GWN. MAE'N MYND TU CEFN IDDYNT AC YN TARO'R FFROEN YN NGHEFN PWLMAN) Dŵad i fan'ma heb ddim yn dy bocad a llai yn dy ben. Dy draed drwy dy sgidia.

PWLMAN: (YN GYNHYRFUS) Oreit, oreit…

PARCH: A be ddaru mi? Mi ddarum dy fwydo di a mi ddarum dy ddiwyllio di. Mi ddoist yma fel…fel…fel…

PWLMAN: …Ll'godan eglwys!

PARCH: Ll'godan eglwys, dyna hi, dyna chdi i'r dim. Mi ddoist yma, o'r byd gwag tu allan, i'r gorlan gyfoethog yma.

PWLMAN: O'r gora, dwi'n cytuno bod…

PARCH: Ddaru ti gytuno i un dim ond i ysgwyd dy dethi o flaen hwn. (PWNIAD I BEN ÔL BEN EFO FFROEN Y GWN) Chditha'r tinllach, y gwên i bawb a chefn i neb, mi ddoist yma'n unig swydd i wirioni'r hulpan hogan 'ma. (MAE'N CODI FFROEN Y GWN TUA'R AWYR AC YN MYND I WEDDI) Fy Nhad trugarog yr hwn sy'n cydymddwyn â dyn yn ei drybini. Ti yw awdur deall dyn a meistr mawr ei foesau. Fi sydd yma, Lewis Owen Lewis, y gloywaf o'th weision di. Y gloywaf ei gymeriad a'r gloywaf ei ddawn…

PWLMAN: Dydach chi ddim yn dda. Dyn gwael ydach chi. Cerwch i gymryd eich tabledi.

PARCH: …da y gwyddost i mi gymryd y ferch hon o dan fy adain i'w chynnal a'i chadw, ei bwydo a'i bendithio yn ôl arfer dy Eglwys sanctaidd di…

PWLMAN: Gwrandwch. Mae'n bwysig i chi gymryd ych ffisig.

PARCH: …rydw i am roi terfyn ar ei bywyd bradwrus hi, a gofynnaf am sêl dy fendith di ar fy ngweithred. Bydd dy eglwys di a minnau yn burach o'i cholli hi.

PWLMAN: Be 'dach chi isio i mi neud? Mi wnawn ni.

PARCH: (YN SARRUG MEWN CYWAIR CWBL WAHANOL) Goriad y sêff. Ble mae o gynnoch chi? Roedd o ar y peg yn y clochdy ddwyawr yn ôl. Dowch, deudwch wrtha i. Ma' gin i angan y llyfr cofnodion.

PWLMAN: Dydw i ddim yn gwbod. Chi sydd wedi anghofio. Drysu rydach chi.

PARCH: Falla **mod** i'n drysu. Pwy na fasa'n drysu ar ôl pum mlynadd o'i erlid gan Esgob a merch wallgo. (MAE'N GYRRU Y DDAU O'I FLAEN EFO FFROEN Y GWN. SAIB FER CYN CLYWAD ERGYD)

TYWYLLWCH
GOLAU I FYNY

BEN: Yn farw gelan.

PWLMAN: Damwain. Rhagluniaeth. Galwch o'n be fynnoch chi.

BEN: Mae'n ddrwg, mae'n wir ddrwg gin i fod petha wedi digwydd fel hyn.

PWLMAN: Hei, ara deg. Mi fasa'n well gin ti debyg tasa hi wedi digwydd fel arall, a finna wedi'i chopio hi yn lle'r sbruddach dyn lloerig 'na 'sy' wedi fy hawlio i ers pum mlynadd.

BEN: Hynna'n wir, ond...

PWLMAN: Does dim ond amdani. Lle i ddiolch sy' gin titha hefyd. Onibai i'r gwn 'na weld yn dda i danio drw'r pen chwithig, chdi fasa wedi ca'l yr ail ergyd drw dy ben. A dyna ddiwadd arnat ti a fi.

BEN: Ia, wel. Rhaid i mi gydnabod mod i wedi ca'l llwyth reit dda o ddeunydd. Dwi'n dechra' meddwl mai yn y gorffennol mae dyfodol sgwennwr.

PWLMAN: Tyd, ma'n well i mi ganu'r gloch er mwyn i'r annwyl, annwyl Ledi Theobold gael ar ddallt bod yna gorff yn y festri.

Y DDAU YN MYND O'R GOLWG. CLYWIR YR UN GLOCH ANGLADDOL YN CANU'N ARAF A HIR.

ben set
gan **wil sam**

Ben Set	Dafydd Dafis
Prwdyns Pwlman	Nia Williams
Y Parch Lewis Lewis	Dyfan Roberts
Cyfarwyddo	Ian Rowlands
Goleuo / Cynllunio	Emyr Morris Jones
Gwisgoedd	Llinos Edwards
Sain	Berwyn Morris Jones
Rheolwr Llwyfan	Mandy Parry
Gweinyddwraig	Linda Brown

Diolch i Theatr Gwynedd, Fflur Owen
ac Angharad Siencyn

ac yn bennaf oll i **Ffilmiau'r Nant** am ei nawdd hael
tuag at gyhoeddi'r gyfrol hon.

DAFYDD DAFIS Mae Dafydd wedi ymddangos mewn nifer o gynhyrchiadau theatr, teledu a radio dros yr 20 mlynedd dwytha'. Yn enedigol o Rosllanerchrugog, mae'n byw ym Mhenisarwaun yng ngodre Eryri.

DYFAN ROBERTS Y tro cyntaf iddo ymddangos mewn drama gan Wil Sam oedd fel Plismon yn *'Y Fainc'* mewn cynhyrchiad ym Mangor. Llenwi sgidia John Pierce Jones achos bod hwnnw isio mynd am drip i Sgotland neu rywle – a sgidia mawr oedden nhw hefyd! Ers hynny ymddangosodd yn *'Y Gadair Olwyn'* (pan oedd HTV yn gwneud dramâu Cymraeg!) a channoedd o sgetsus gan yr awdur bytholwyrdd o Lanystumdwy. Yn briod efo pedwar o blant – ac un wyres fach.

NIA WILLIAMS Wedi deng mlynedd o fyw 'dros dŵr' ger Bangor, symudodd Nia yn ôl i Sir Fôn. Mae hi'n rhannu ei chartref newydd gyda Paul a llond tŷ o anifeiliaid anwes. Mae hi'n berchen ar gaffi 'Sgram' yn *'Rownd a Rownd'* (Ffilmiau'r Nant), ac yn aelod o'r cast ers cychwyn y gyfres. Dyma'r ail dro iddi weithio efo'r cwmni – ymddangosodd yn *'Io, To a'r Twrci'*.